AF451956

# J.-J. ROUSSEAU, P. GALIN, A. PARIS, N. ET E. CHEVÉ

## ASSOCIATION GALINISTE

### POUR LA PROPAGATION DE L'ENSEIGNEMENT MUSICAL

*Par la méthode modale Galin-Paris-Chevé.*

SIÈGE SOCIAL : 8, rue Caplat, 8, PARIS (XVIII<sup>e</sup>)

## LECTURE MUSICALE

# 300 AIRS

PRIX : broché **1** franc.
Cartonné **1** fr. 25

SE TROUVE :

à L'ASSOCIATION GALINISTE

ET

à L'OFFICE DE PUBLICITÉ : J. LEBÈGUE et C<sup>ie</sup>, Libraires-Éditeurs

| PARIS | BRUXELLES |
|---|---|
| 30, Rue de Lille VI<sup>e</sup> arr. | 46, Rue de la Madeleine. |

J.-J. ROUSSEAU, P. GALIN, A. PARIS, N. ET E. CHEVÉ

# ASSOCIATION GALINISTE

## POUR LA PROPAGATION DE L'ENSEIGNEMENT MUSICAL

*Par la méthode modale Galin-Paris-Chevé.*

Siège Social : 8, rue Caplat, 8, PARIS (XVIIIe)

## LECTURE MUSICALE

# 300 AIRS

Prix : broché **1** franc.

Cartonné **1** fr. **25**

Se Trouve :

à l'Association Galiniste

ET

à l'Office de publicité : J. LEBÈGUE et Cie, Libraires-Éditeurs

| PARIS | BRUXELLES |
|---|---|
| 30, Rue de Lille VIe arr. | 46, Rue de la Madeleine. |

# Introduction

Ce livre de lecture musicale rendra les plus grands services aux élèves qui auront suivi avec fruit les leçons des ouvrages : L'Instituteur et l'Élève musiciens publiés par l'Association Galiniste. Tout en y continuant leur instruction musicale, ils y trouveront matière aux plus agréables récréations.

D'une manière générale les 70 premiers airs, temps non divisés, peuvent être lus sans difficulté après le cours élémentaire ; les 200 premiers, après le cours moyen ; et tous les autres airs (il y en a 312), dès les premières étapes du Cours supérieur.

Les professeurs trouveront avantage à faire chanter plusieurs fois chacun des airs ; ils pourront de la sorte varier l'effet, soit en changeant la tonalité, soit en accélérant le mouvement, soit enfin en usant de ces deux changements à chaque nouvelle lecture.

Il est bien entendu que le ton indiqué en tête de chaque air n'est pas absolu et que selon les principes de notre école, on choisit le ton le plus favorable aux voix qui chanteront ces airs.

De plus, pour les airs n'ayant pas de nuances marquées, on trouvera une nouvelle source de plaisir à combiner les changements de ton et de mouvement avec les nuances suivantes : forte, piano, notes liées, notes piquées, &c.

Au besoin former deux groupes d'élèves et leur faire chanter alternativement l'air pour éviter la fatigue des voix.

---

Nous résumons en quelques lignes les prescriptions essentielles données aux professeurs dans l'Instituteur musicien, cours préparatoire et élémentaire, afin d'arriver à obtenir une lecture aussi correcte et agréable que possible.

## Lecture à vue.

Dans le cas d'insuccès à la première lecture, isoler les difficultés et avoir recours aux points d'appui pour l'intonation, à la langue des durées pour la mesure ; ce sont les deux talismans infaillibles.

## Intonation.

Bien prendre le ton, consulter le diapason à la fin de chaque air pour s'assurer que le ton a été bien conservé, c'est à dire que la voix n'a pas baissé.

Se servir uniquement de l'admirable système des points d'appui pour les intonations que l'on ne connaît pas.

## Mesure

Une fois le mouvement bien déterminé pour la durée de l'unité, conserver avec soin ce mouvement. Se servir du Métronome. — Que les mouvements de la main soient faits rapidement et comme si la main devait rencontrer à chaque temps un objet à frapper. — Donner plus d'intensité au premier temps de chaque mesure, temps fort.

Reprendre l'emploi rigoureux de la langue des durées, dès qu'il y a la moindre hésitation dans la mesure

## Expression.

À tout prix, empêchez les enfants de crier, obligez les à chanter très, très doucement, en voix de tête à partir des notes correspondant au SOL immédiatement au dessus du son du diapason.

Tout en faisant observer avec soin par les élèves les nuances marquées, portez tous vos soins à leur faire plutôt exagérer les nuances dans le sens de la douceur

# 1er Livre. — 1re Partie. — Section A — Airs à 2 temps

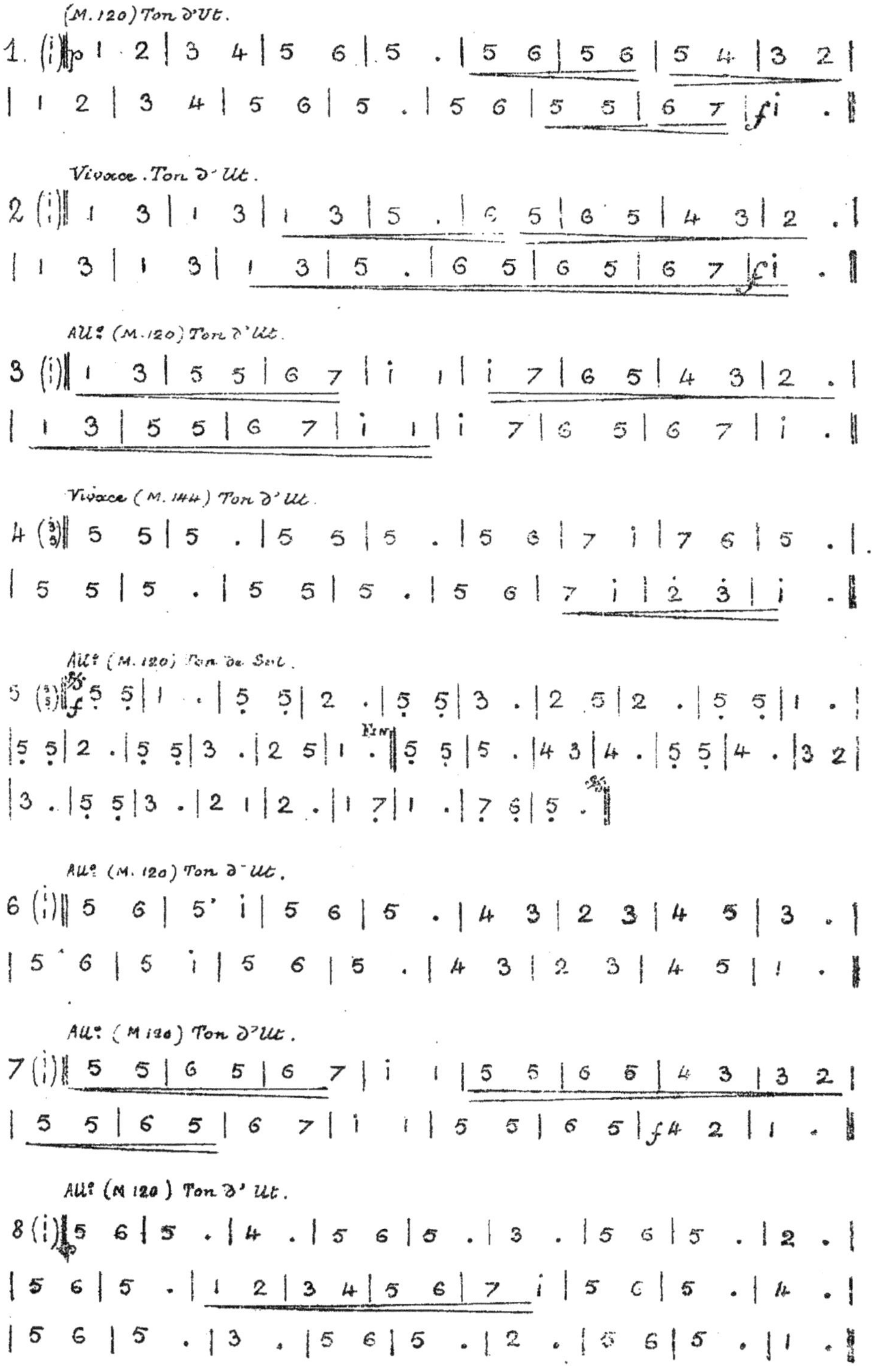

**(M.120) Ton d'Ut.**

1. (¡) | 1 | 2 | 3 4 | 5 6 | 5 . | 5 6 | 5 6 | 5 4 | 3 2 |
| 1 2 | 3 4 | 5 6 | 5 . | 5 6 | 5 5 | 6 7 | fi . ‖

**Vivace. Ton d'Ut.**

2. (¡) ‖ 1 3 | 1 3 | 1 3 | 5 . | 6 5 | 6 5 | 4 3 | 2 . |
| 1 3 | 1 3 | 1 3 | 5 . | 6 5 | 6 5 | 6 7 | fi . ‖

**Allo (M.120) Ton d'Ut.**

3. (¡) ‖ 1 3 | 5 5 | 6 7 | i 1 | i 7 | 6 5 | 4 3 | 2 . |
| 1 3 | 5 5 | 6 7 | i 1 | i 7 | 6 5 | 6 7 | i . ‖

**Vivace (M.144) Ton d'Ut.**

4. (³⁄₈) ‖ 5 5 | 5 . | 5 5 | 5 . | 5 6 | 7 i | 7 6 | 5 . | .
| 5 5 | 5 . | 5 5 | 5 . | 5 6 | 7 i | 2̇ 3̇ | i . ‖

**Allo (M.120) Ton de Sol.**

5. (³⁄₈) f . 5 5 | 1 . | 5̣ 5̣ | 2 . | 5̣ 5̣ | 3 . | 2 5 | 2 . | 5̣ 5̣ | 1 . |
| 5̣ 5̣ | 2 . | 5̣ 5̣ | 3 . | 2 5 | 1 . | 5̣ 5̣ | 5 . | 4 3 | 4 . | 5̣ 5̣ | 4 . | 3 2 |
| 3 . | 5̣ 5̣ | 3 . | 2 1 | 2 . | 1 7̣ | 1 . | 7̣ 6̣ | 5 . ‖

**Allo (M.120) Ton d'Ut.**

6. (¡) ‖ 5 6 | 5 i | 5 6 | 5 . | 4 3 | 2 3 | 4 5 | 3 . |
| 5 6 | 5 i | 5 6 | 5 . | 4 3 | 2 3 | 4 5 | 1 . ‖

**Allo (M.120) Ton d'Ut.**

7. (¡) ‖ 5 5 | 6 5 | 6 7 | i 1 | 5 5 | 6 5 | 4 3 | 3 2 |
| 5 5 | 6 5 | 6 7 | i 1 | 5 5 | 6 5 | 4 2 | 1 . ‖

**Allo (M.120) Ton d'Ut.**

8. (¡) ‖ 5 6 | 5 . | 4 . | 5 6 | 5 . | 3 . | 5 6 | 5 . | 2 . |
| 5 6 | 5 . | 1 2 | 3 4 | 5 6 | 7 i | 5 6 | 5 . | 4 . |
| 5 6 | 5 . | 3 . | 5 6 | 5 . | 2 . | 5 6 | 5 . | 1 . ‖

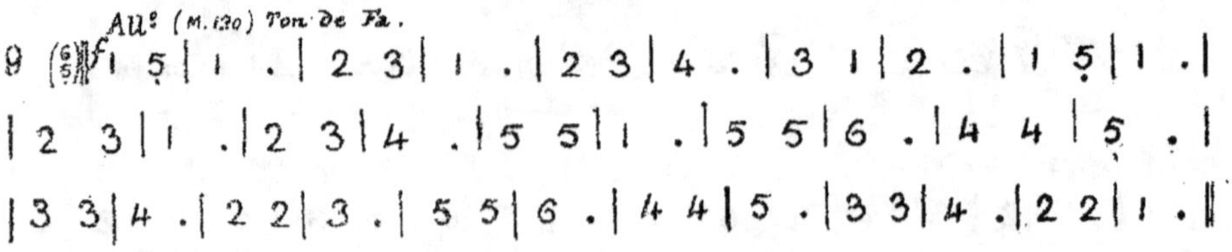

4

Allo (M.130) Ton de Fa.
9 (6/8) f |1 5|1 . |2 3|1 . |2 3|4 . |3 1|2 . |1 5|1 .|
|2 3|1 . |2 3|4 . |5 5|1 . |5 5|6 . |4 4|5 . |
|3 3|4 . |2 2|3 . |5 5|6 . |4 4|5 . |3 3|4 . |2 2|1 .||

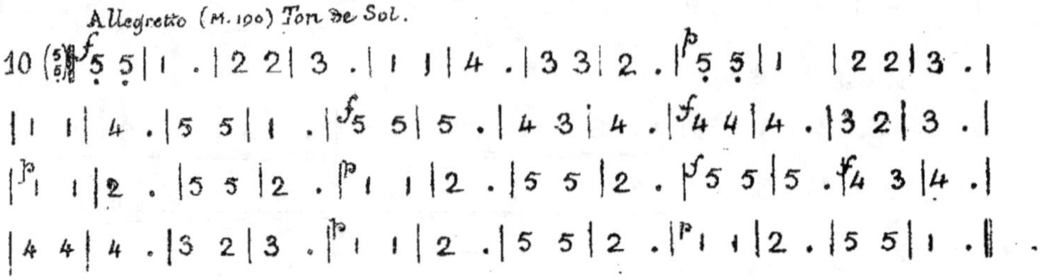

Allegretto (M.100) Ton de Sol.
10 (5/8) f |5 5|1 . |2 2|3 . |1 1|4 . |3 3|2 . |p 5 5|1 |2 2|3 .|
|1 1|4 . |5 5|1 . |f 5 5|5 . |4 3|4 . |f 4 4|4 . |3 2|3 . |
|p 1 1|2 . |5 5|2 . |p 1 1|2 . |5 5|2 . |f 5 5|5 . |f 4 3|4 . |
|4 4|4 . |3 2|3 . |p 1 1|2 . |5 5|2 . |p 1 1|2 . |5 5|1 .||

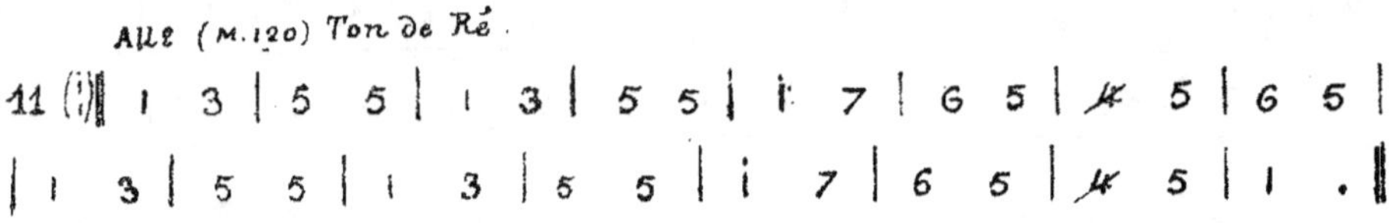

Allo (M.120) Ton de Ré.
11 (i) ||1 3|5 5|1 3|5 5|i 7|6 5|#4 5|6 5|
|1 3|5 5|1 3|5 5|i 7|6 5|#4 5|1 .||

Allo (M.120) Ton de Ré.
12 (i) 55 ||1 2|3 . |3 4|5 . |5 6|7 i|7 6|5 . |1 2|3 .|
|3 4|5 . |6 5|6 7|i 5|i .||5 5|6 . |5 5|#4 . |5 5|6 5|
|6 7|7 . |5 5|5 . |5 5|#4 . |5 5|6 5|6 7|5 .||%

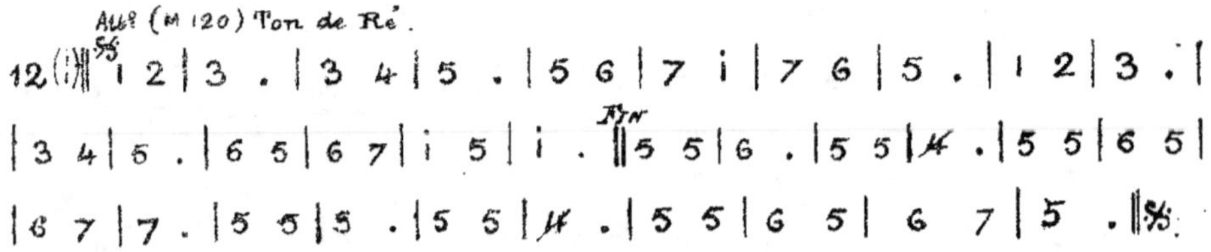

Allo (M.100) Ton de Ré.
13 (i) ||5 i|5 . |4 3|2 . |3 4|3 . |2 5|2 .|
|5 i|5 . |4 3|2 . |3 4|3 . |2 5|1 .|
|i 7|6 5|4 3|2 . |5 . |5 . |5 . |3 .|
|i 7|6 5|4 3|2 . |5 . |5 . |5 . |1 .||

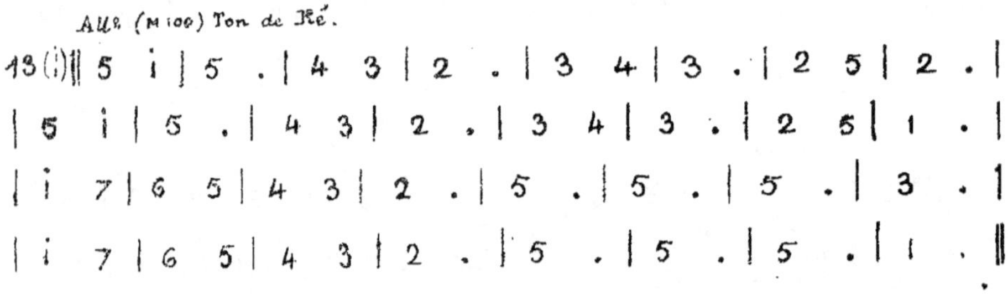

Allo (M.120) Ton de Ré
14 (3/2) f |i i|7 7|6 5|5 . |6 6|5 5|4 4|3 . |5 5|
|2 5|2 6|6 5|p 5 5|3 5|3 5|6 5|f i i|
|7 7|6 6|p 2 . |i i|7 7|6 6|5 . |
|6 6|5 5|4 4|3 . |p 5 5|2 5|2 5|6 5|
|p 5 5|3 5|3 5|6 5|f i i|7 7|6 6|
|2 2|i i|7 7|6 7|i .||

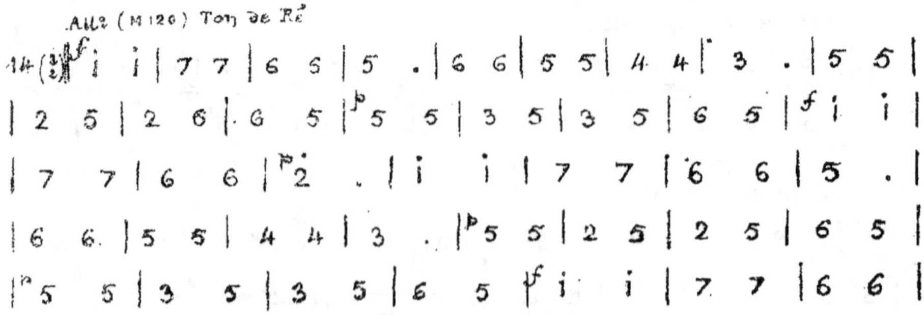

Allᵗ (M 120) Ton de Mi.

15 (1/5) ‖ *p* 1  5 | 1  3 | 5  3 | . | 2  3 | 4  3 | 2  ₁ | 2  . | 1  5 |
| 1  3 | 5  3 | 2  . | 2  3 | 2  ₁ | 7  6 | 5  . | *f* 2  3 | 4  . | 2  3 |
| 4  . | 3  4 | 5  i | 5  3 | ₁  3 | 2  3 | 4  . | 2  3 | 4  . |
| 3  2 | ₁  2 | 2  . | 5  . | *p* 1  5 | 1  3 | 5  3 | ₁  . | 2  3 | 4  3 |
| 2  ₁ | 2  . | *f* 1  5 | 1  3 | 5  i | 5  3 | 5  . | 5  . | 1  . ‖

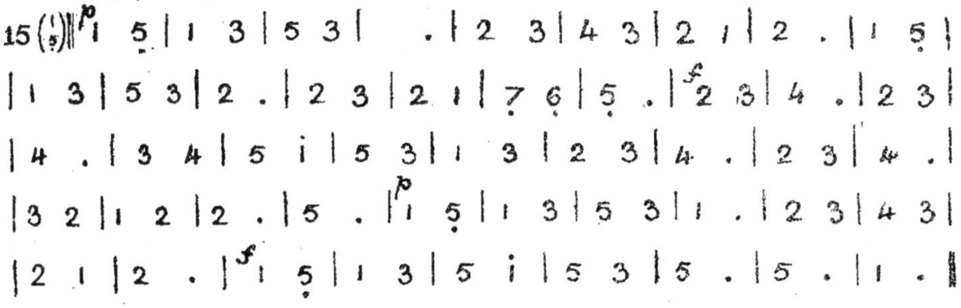

Allᵗ (M 100) Ton de Ut

16 (2/4) ‖ 1  3 | 5  i | 5  3 | 1  . | 2  3 | 4  3 | 2  ₁ | 2  . |
| 1  3 | 5  i | 7  6 | 2̇  . | i  7 | 6  6 | 2̇  2̇ | 5  . |
| 1  3 | 5  i | 5  3 | 1  . | 2  3 | 4  3 | 2  ₁ | 2  . | 1  3 |
| 5  i | 7  6 | 2̇  . | i  7 | 6  5 | 6  7 | i  . ‖

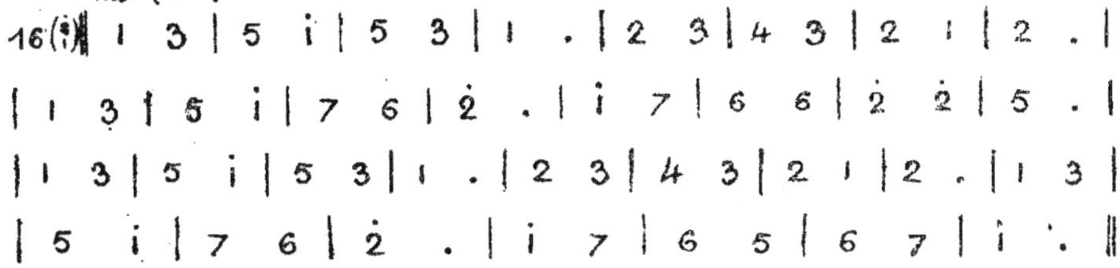

Allᵗ (M 100) Ton de Ré.

17 (5/8) ‖ 5  i | 7  i | 2̇  7 | i  5 | i  2̇ | 3̇  i | 5̇  4 | 3  2 |
| 5  i | 7  i | 2̇  7 | i  5 | i  2̇ | 3̇  i | 5  5 | i  . ‖

Allᵗ (M 100) Ton de Sol

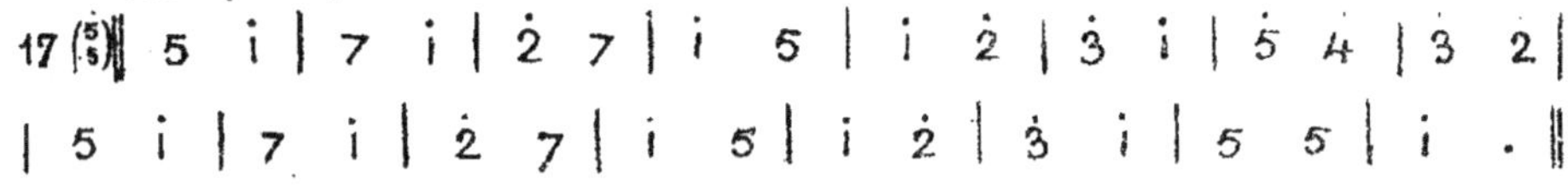

18 (2/4) ‖ 5  5 | 5  . | 6  7 | 1  . | 2  3 | 4  . | 5  6 | 5  . |
| 5  5 | 5  . | 6  7 | 1  . | 2  3 | 4  . | 5  5 | i  . |
| 2  7 | 5  . | 5  6 | 5  . | 3  ₁ | 5  . | 5  6 | 5  . |
| 4  3 | 2  . | 3  2 | 1  . | 2  ₁ | 7  . | 2  2 | 5  . |
| 2  7 | 5  . | 5  6 | 5  . | 3  ₁ | 5  . | 5  6 | 5  . |
| 4  3 | 2  . | 3  2 | 1  . | 2  ₁ | 7  . | 5  5 | 1  . ‖

Allᵗ (M.132) Ton de Mi

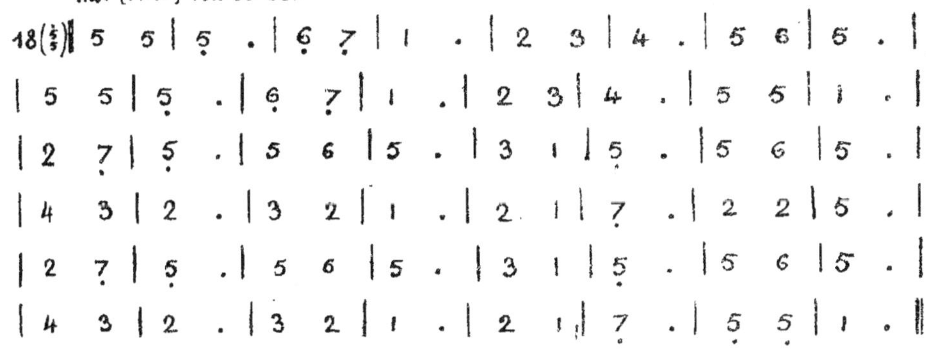

19 (2/4) ‖ *ƒ* 5  5 | 1  1 | 3  3 | 5  . | 3  3 |
| 1  1 | 2  2 | 5  . | 5  5 | 1  1 |
| 3  3 | 5  . | 6  5 | 4  3 | 2  5 | 1  . ‖ *FIN*
| *ƒ* 5  5 | 4  . 4 | 5  5 | 2  2 | *r* 4  4 |
| 3  3 | 1  1 | 2  . | *ƒ* 5  5 | 4  4 | 5  5 |
| 6  6 | 7  i | 7  6 | 5  4 | 5  . ‖

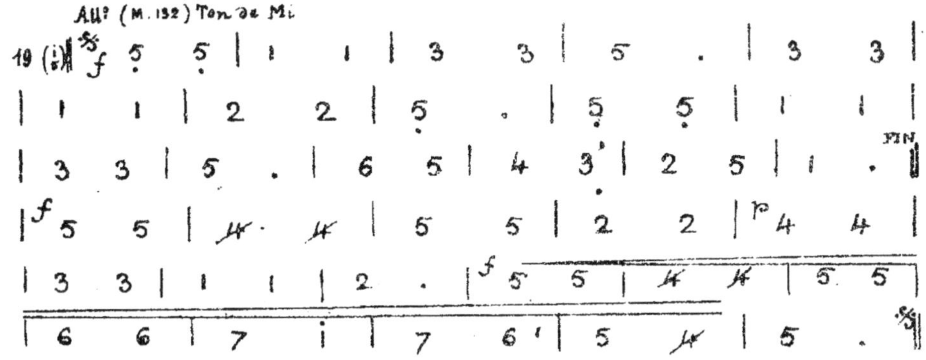

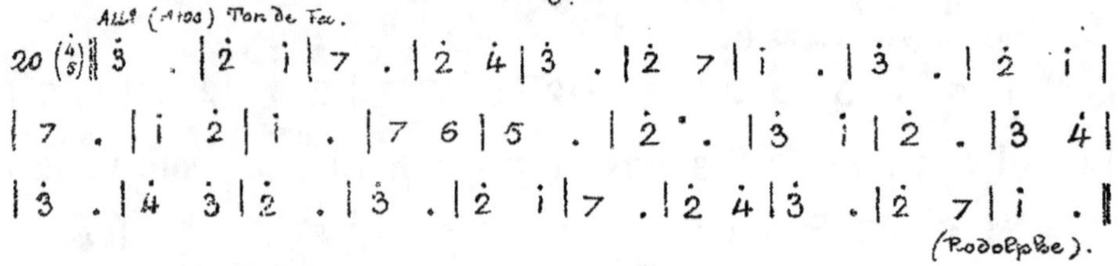

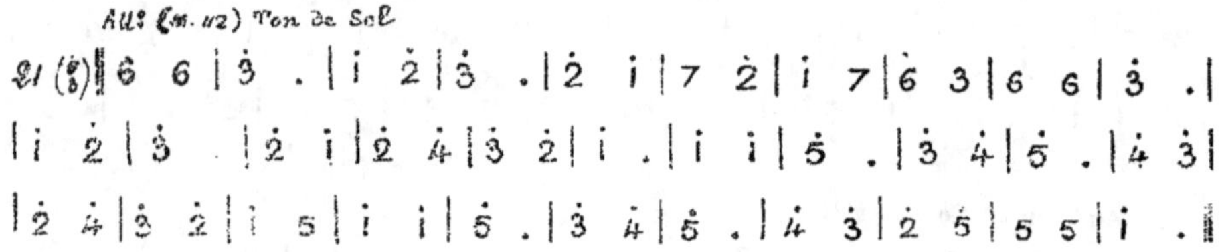

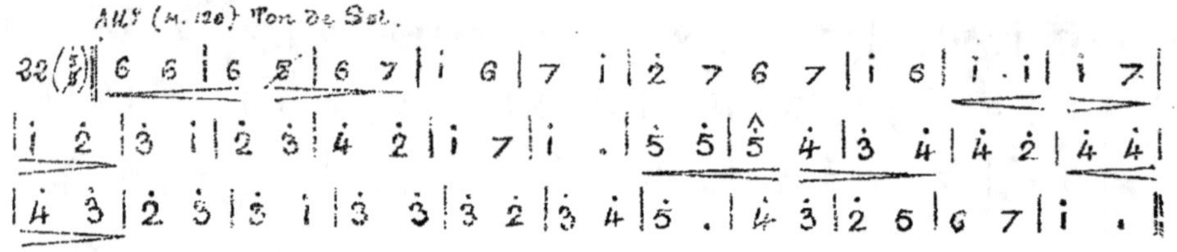

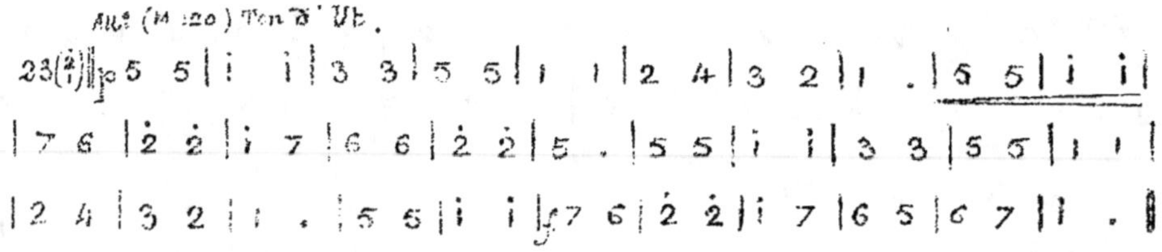

All⁹ (♩100) Ton de Fa.

20 (4/8) — (Rodolphe).

All⁹ (M.112) Ton de Sol.

21 (6/8)

All⁹ (M.120) Ton de Sol.

22 (6/8)

All⁹ (M.120) Ton d'Ut.

23 (3/4)

1ᵉʳ Livre _ 1ᵉ Partie

Section B _ Groupe 1 _ Airs à 3 temps.

Étude des Coupes

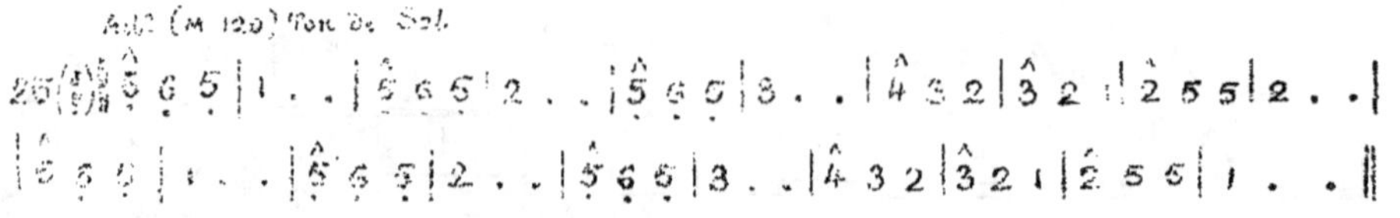

All⁹ (M.104) Ton d'Ut.

24

All⁹ (M.120) Ton de Sol.

25 (3/4)

**All⁹ (M 144) Ton d'ut.**

26(i) ‖ 𝆑 î î î | 7̂ 7 7 | 6̂ 6 6 | 5 . . | p 4̂ 4 4 | 3̂ 3 3 |
| 2̂ 2 2 | 1 . . | î 2 3 | î 2 3 | î 2 3 | 4 . . | mf 2̂ 3 4 |
| 2̂ 3 4 | 2̂ 3 4 | 5 . . | 𝆑 î 7 6 | 5̂ 4 3 | 2̂ 1 2 | 1 . . ‖

**All⁹ (M. 140) Ton d'ut.**

27(i) ‖ 𝆏 5 4 3 | 2 . . | 4 3 2 | 1 . . | 2 1 2 | 3 . . | 3 2 1 | 5 . . |
| 5 4 3 | 2 . . | 4 3 2 | 1 . . | 2 1 2 | 3 . . | 5 6 7 | 𝆑 î . . ‖

**All⁹ (M 120) Ton d'ut**

28(i) ‖ î 5 3 | 1 3 5 | î 5 3 | 1 2 3 | 4 2 5 | 3 1 5 | 4 2 5 | 5 . . |
| î 5 3 | 1 3 5 | î 5 3 | 1 2 3 | 4̂ 2 5 | 3̂ 1 5 | 4̂ 2 5 | 1 . . ‖

**All⁹ (M 100) Ton de Mi**

29(⅝) ‖ p 1 2 3 | 1 2 3 | 1 . . | 5̣ . . | 2 3 4 | 2 3 4 | 2 . . |
| 5̣ . . | 1 2 3 | 1 2 3 | 1 . . | 5̣ . . | 2 3 4 | 5 6 7 | 𝆑 î . . ‖

**All⁹ (M 100) Ton d'ut.**

30(i) ‖ 1 3 5 | i 5 3 | 4 2 5 | 3 . . | i 7 6 | 7 6 5 | 6 5 4 | 5 . . |
| 1 3 5 | i 5 3 | 4 2 5 | 5 . . | 𝆑 3̇ 2̇ | 2̇ i 7 | i 2̇ 3̇ | i . . ‖

**Mod⁹ (M. 90) Ton de Fa.**

31(⁶₈) ‖: 𝆓 p 5 . . | 6 5 4 | 3 . . | 4 3 2 | 1 . . | 2 1 2 |
| 3 . . | 3 2 1 | 5 . . | 6 5 4 | 3 . . | 4 3 2 | 1 . . |
| 2 1 2 | 3 . . | 5 4 2 | 1 . . ‖: 2 . . | 3 2 1 |
| 2 . . | 3 2 1 | 2 . . | 1 7 6 | 7 . . | 5̣ . . | 2 . . |
| 3 2 1 | 2 . . | 3 2 1 | 2 . . | 𝆑 1 7 6 | 5 . . | . . 𝄌 ‖

FIN

**All⁹ (M. 100) Ton de Fa.**

32(⁶₈) ‖ 𝆑 5̣ 1 2 | 3 . . | 4 3 2 | 1 . . | 2 3 4 | 5 . . | 𝆑 6 5 4 | 5 . . |
| 5̣ 1 2 | 3 . . | 4 3 2 | 1 . . | 2 3 4 | 5 . . | 5̣ 6 7 | 1 . . |
| 3 2 3 | 4 . . | 6 5 4 | 3 . . | 5 4 3 | 2 . . | 4 3 2 | 5 . . |
| 3 2 3 | 4 . . | 6 5 4 | 3 . . | 5 4 3 | 2 . . | 4 3 2 | 1 . . ‖

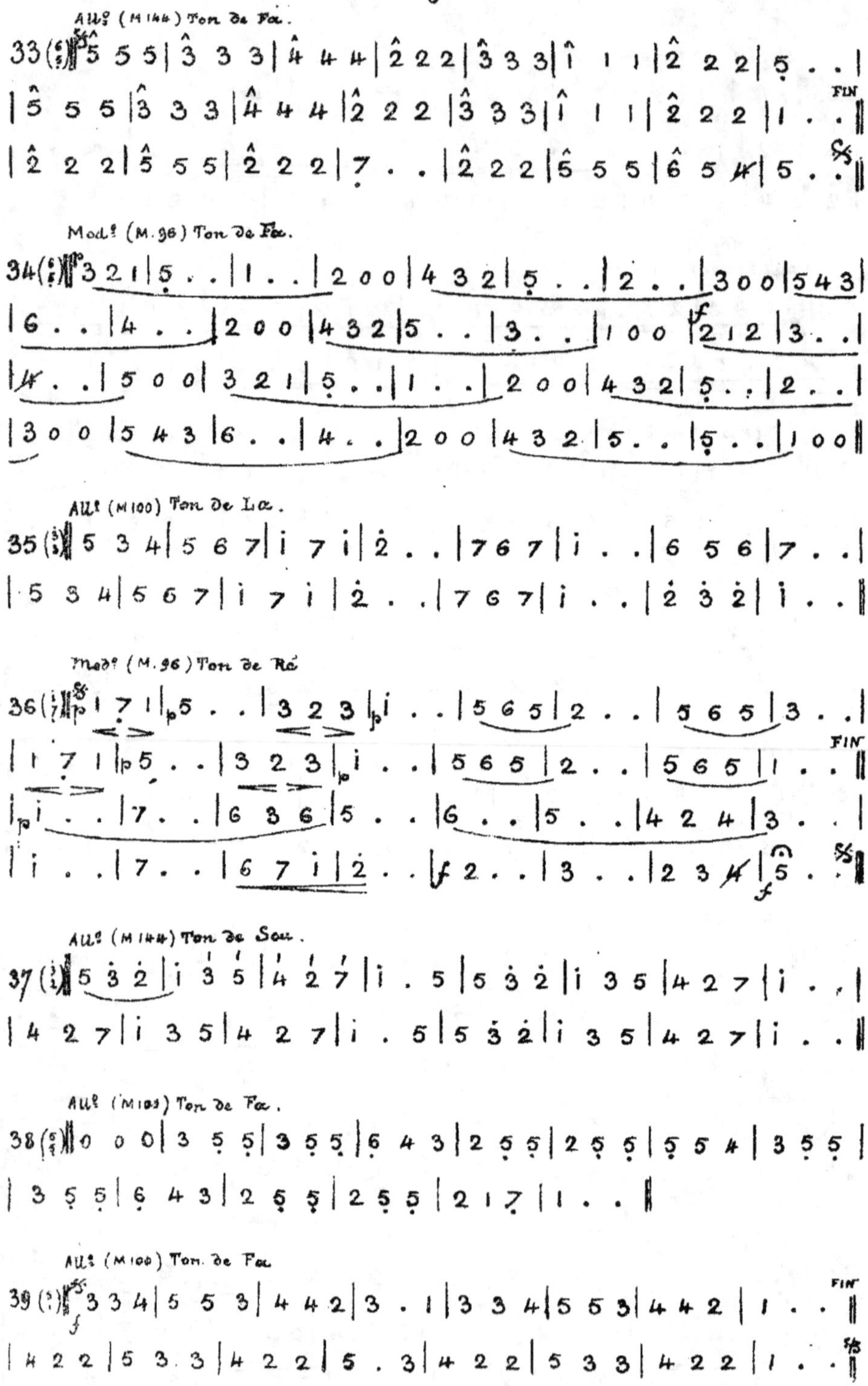

Allᵗ (M 144) Ton de Fa.

33 (⁶/₄) ‖: 5̂ 5 5 | 3̂ 3 3 | 4̂ 4 4 | 2̂ 2 2 | 3̂ 3 3 | 1̂ ı ı | 2̂ 2 2 | 5̣ . . |
| 5̂ 5 5 | 3̂ 3 3 | 4̂ 4 4 | 2̂ 2 2 | 3̂ 3 3 | 1̂ ı ı | 2̂ 2 2 | 1 . . ‖ FIN
| 2̂ 2 2 | 5̂ 5 5 | 2̂ 2 2 | 7̣ . . | 2̂ 2 2 | 5̂ 5 5 | 6̂ 5 ⁊ | 5 . . ‖ ℅

Modᵗ (M. 96) Ton de Fa.

34 (²/₄) ‖: 3 2 1 | 5̣ . . | 1 . . | 2 o o | 4 3 2 | 5̣ . . | 2 . . | 3 o o | 5 4 3 |
| 6 . . | 4 . . | 2 o o | 4 3 2 | 5̣ . . | 3 . . | 1 o o | 2 1 2 | 3 . . |
| 4 . . | 5 o o | 3 2 1 | 5̣ . . | 1 . . | 2 o o | 4 3 2 | 5̣ . . | 2 . . |
| 3 o o | 5 4 3 | 6 . . | 4 . . | 2 o o | 4 3 2 | 5̣ . . | 5̣ . . | 1 o o ‖

Allᵗ (M 100) Ton de La.

35 (³/₄) ‖: 5 3 4 | 5 6 7 | i 7 i | 2̇ . . | 7 6 7 | i . . | 6 5 6 | 7 . . |
| 5 3 4 | 5 6 7 | i 7 i | 2̇ . . | 7 6 7 | i . . | 2̇ 3̇ 2̇ | i . . ‖

Modᵗ (M. 96) Ton de Ré

36 (⁷/₄) ‖: ı 7 ı | ♭5 . . | 3 2 3 | ♭i . . | 5 6 5 | 2 . . | 5 6 5 | 3 . . |
| ı 7 ı | ♭5 . . | 3 2 3 | ♭i . . | 5 6 5 | 2 . . | 5 6 5 | 1 . . ‖ FIN
| ♭i . . | 7 . . | 6 3 6 | 5 . . | 6 . . | 5 . . | 4 2 4 | 3 . . |
| i . . | 7 . . | 6 7 i | 2̇ . . | 2 . . | 3 . . | 2 3 ⁊ | 5̇ . . ‖ ℅

Allᵗ (M 144) Ton de Sou.

37 (⁴/₄) ‖: 5 3̇ 2̇ | i 3 5 | 4 2 7 | i . 5 | 5 3̇ 2̇ | i 3 5 | 4 2 7 | i . ⸍ |
| 4 2 7 | i 3 5 | 4 2 7 | i . 5 | 5 3̇ 2̇ | i 3 5 | 4 2 7 | i . . ‖

Allᵗ (M 108) Ton de Fa.

38 (⁶/₄) ‖ o o o | 3 5̣ 5̣ | 3 5 5 | 6 4 3 | 2 5̣ 5̣ | 2 5 5 | 5̣ 5 4 | 3 5 5 |
| 3 5̣ 5̣ | 6̣ 4 3 | 2 5̣ 5̣ | 2 5 5 | 2 ı 7̣ | 1 . . ‖

Allᵗ (M 100) Ton de Fa

39 (²/₄) ‖: 3 3 4 | 5 5 3 | 4 4 2 | 3 . ı | 3 3 4 | 5 5 3 | 4 4 2 | 1 . . ‖ FIN
| 4 2 2 | 5 3 3 | 4 2 2 | 5 . 3 | 4 2 2 | 5 3 3 | 4 2 2 | 1 . . ‖ ℅

## 1ᵉ Partie. — Section B. Groupe 2

*Etude de la Coupe* $\left[\begin{smallmatrix} 5 & . & 5 \\ ta & a & ta \end{smallmatrix}\right]$ *, & des Coupes précéd.ᵗᵉˢ.*

---

**Allᵗ (M 144) Ton de Fa**

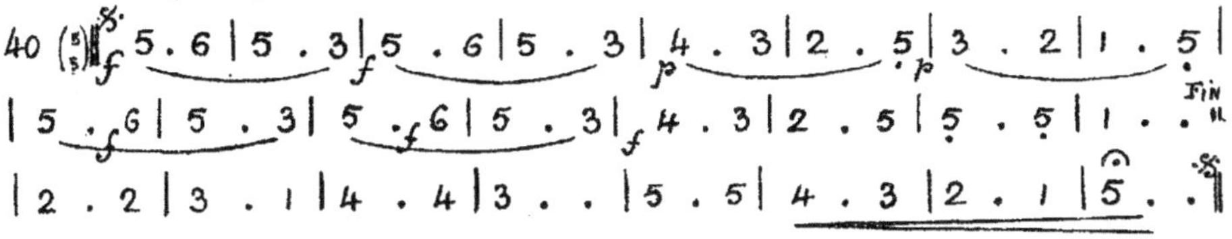

40 (⁵⁄₅) ‖: 5 . 6 | 5 . 3 | 5 . 6 | 5 . 3 | 4 . 3 | 2 . 5 | 3 . 2 | 1 . 5 |
| 5 . 6 | 5 . 3 | 5 . 6 | 5 . 3 | 4 . 3 | 2 . 5 | 5 . 5 | 1 . . | Fin
| 2 . 2 | 3 . 1 | 4 . 4 | 3 . . | 5 . 5 | 4 . 3 | 2 . 1 | 5 . . :‖

**Allᵗ (M 120) Ton de Mi**

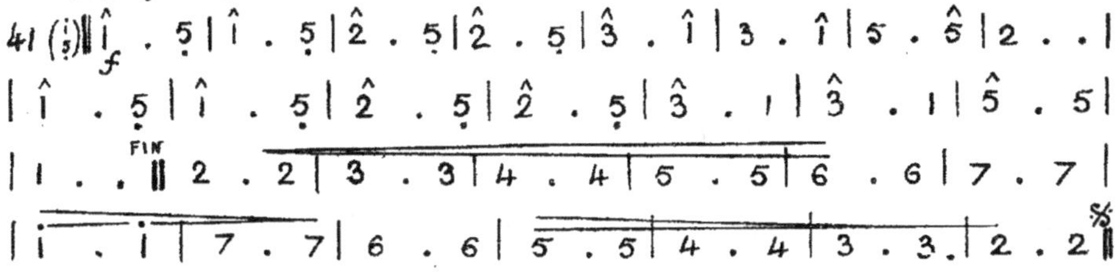

41 (⁵⁄₅) ‖: 1̂ . 5 | 1̂ . 5 | 2̂ . 5 | 2̂ . 5 | 3̂ . 1̂ | 3 . 1̂ | 5 . 5̂ | 2 . . |
| 1̂ . 5 | 1̂ . 5 | 2̂ . 5 | 2̂ . 5 | 3̂ . 1 | 3̂ . 1 | 5 . 5̂ |
| 1 . . :‖ Fin | 2 . 2 | 3 . 3 | 4 . 4 | 5 . 5 | 6 . 6 | 7 . 7 |
| 1 . 1 | 7 . 7 | 6 . 6 | 5 . 5 | 4 . 4 | 3 . 3 | 2 . 2 :‖

**Allᵗ (M 144) Ton de Fa**

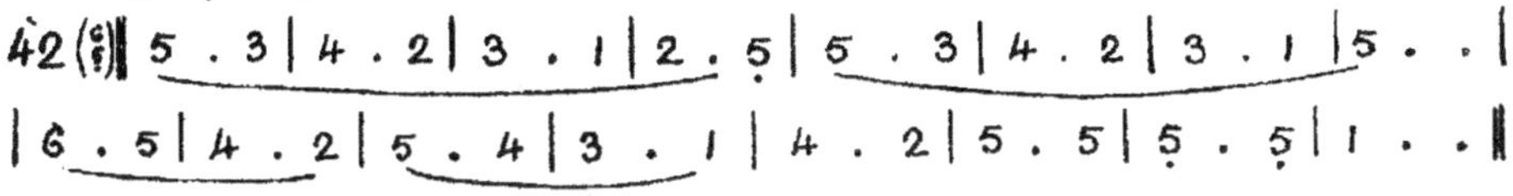

42 (⁶⁄₈) ‖ 5 . 3 | 4 . 2 | 3 . 1 | 2 . 5 | 5 . 3 | 4 . 2 | 3 . 1 | 5 . . |
| 6 . 5 | 4 . 2 | 5 . 4 | 3 . 1 | 4 . 2 | 5 . 5 | 5 . 5 | 1 . . ‖

**Allᵗ (M 120) Ton de Sol**

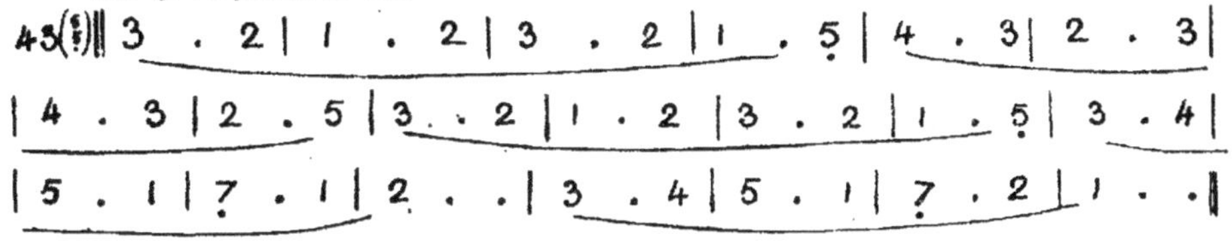

43 (⁶⁄₈) ‖ 3 . 2 | 1 . 2 | 3 . 2 | 1 . 5 | 4 . 3 | 2 . 3 |
| 4 . 3 | 2 . 5 | 3 . 2 | 1 . 2 | 3 . 2 | 1 . 5 | 3 . 4 |
| 5 . 1 | 7 . 1 | 2 . . | 3 . 4 | 5 . 1 | 7 . 2 | 1 . . ‖

**Allᵗ (M 120) Ton de Mi**

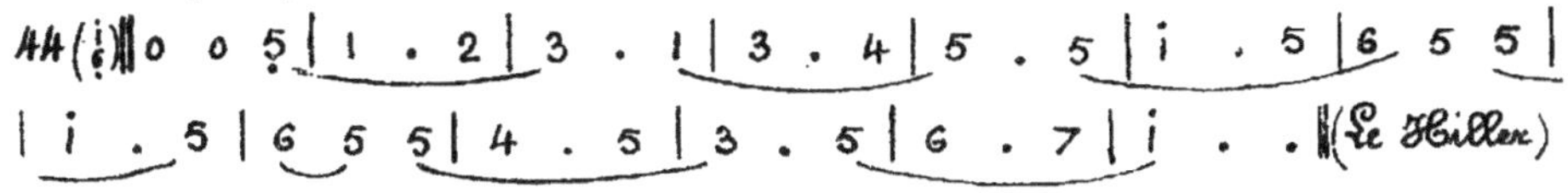

44 (⁶⁄₈) ‖ 0 0 5 | 1 . 2 | 3 . 1 | 3 . 4 | 5 . 5 | 1 . 5 | 6 5 5 |
| 1 . 5 | 6 5 5 | 4 . 5 | 3 . 5 | 6 . 7 | 1 . . ‖ (Le Hiller)

**Vivace (M. 144) Ton de Fa**

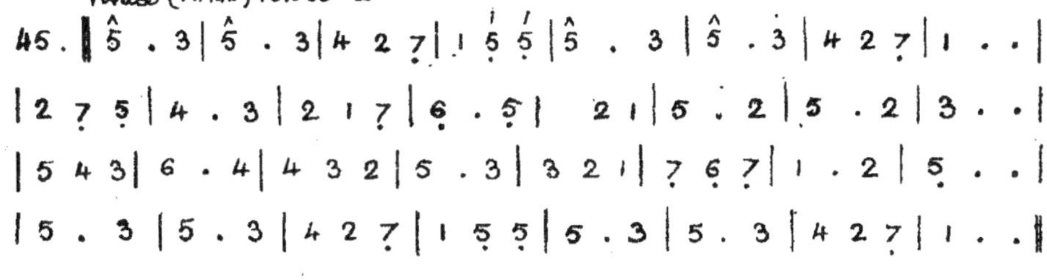

45 . ‖ 5̂ . 3 | 5̂ . 3 | 4 2 7 | 1 5 5 | 5̂ . 3 | 5̂ . 3 | 4 2 7 | 1 . . |
| 2 7 5 | 4 . 3 | 2 1 7 | 6 . 5 | 2 1 | 5 . 2 | 5 . 2 | 3 . . |
| 5 4 3 | 6 . 4 | 4 3 2 | 5 . 3 | 3 2 1 | 7 6 7 | 1 . 2 | 5 . . |
| 5 . 3 | 5 . 3 | 4 2 7 | 1 5 5 | 5 . 3 | 5 . 3 | 4 2 7 | 1 . . ‖

Andᵗᵉ M.80. Ton de Sol.

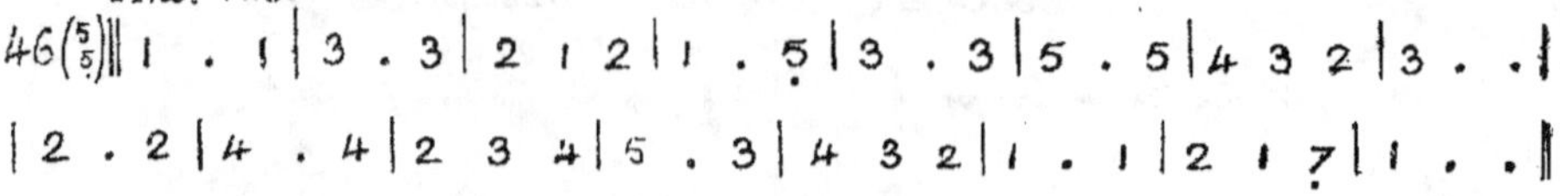

46 (⁵⁄₅) ‖ 1 . 1 | 3 . 3 | 2 1 2 | 1 . 5 | 3 . 3 | 5 . 5 | 4 3 2 | 3 . . |
| 2 . 2 | 4 . 4 | 2 3 4 | 5 . 3 | 4 3 2 | 1 . 1 | 2 1 7 | 1 . . ‖

Andᵗᵉ M100. Ton de Sol.

47 (⁶⁄₈) ‖ 3 . 5 | 1 . . | 2 . 4 | 7 . . | 6̣ . 1 | 7 6̣ 5̣ | 6̣ . 7 | 5̣ . 3 |
| 3 . 5 | 1 . . | 4 . 6 | 2 . . | 3 . 5 | 1 2 4 | 3 . 2 | 1 . . ‖

Allᵒ (M. 144) Ton de Sol.

48 (⁵⁄₅) ‖ 5 . 1 | 7 6 7 | 5 . 1 | 7 6 7 | 5 . 6̣ | 7 1 2 | 3 . 6̣ | 6̣ 7 1 | 2 . 1 | 7 . 6̣ | 5 . 1 |
| 7 6 7 | 1 . 6̣ | 6̣ 7 1 | 2 . 7 | 7 1 2 | 3 . 1 | 1 2 3 | 4 . 2 | 2 3 4 | 5 . 5 | 5 6 7 | 1 . . ‖

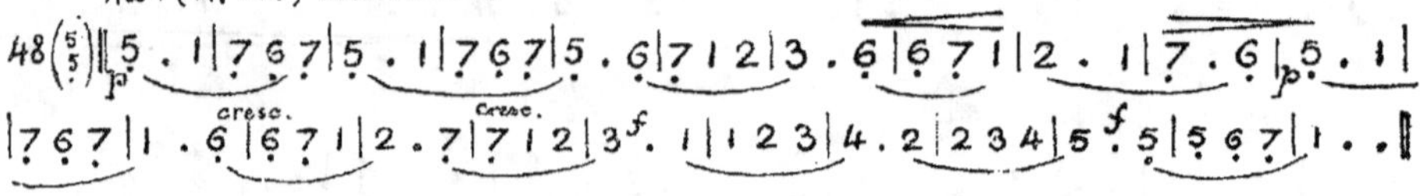

Andᵗᵉ (M 100) Ton de Sol.

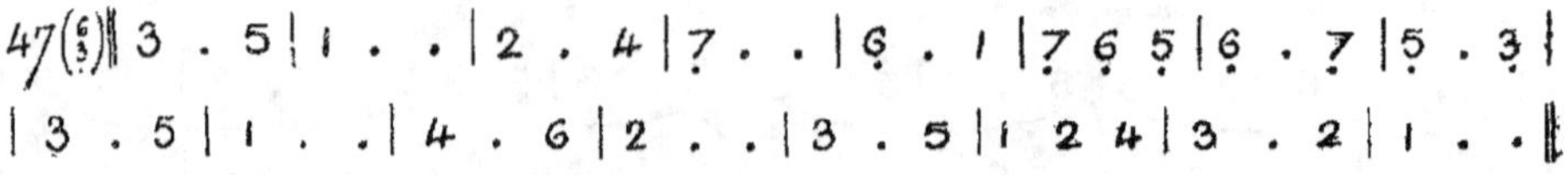

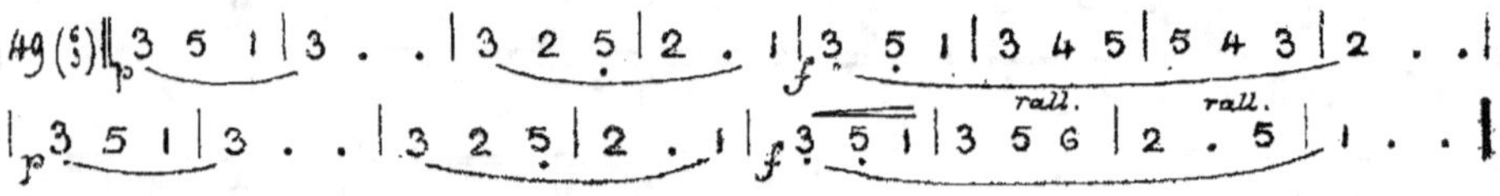

49 (⁵⁄₅) ‖ 3 5 1 | 3 . . | 3 2 5 | 2 . 1 | 3 5 1 | 3 4 5 | 5 4 3 | 2 . . |
| 3 5 1 | 3 . . | 3 2 5 | 2 . 1 | 3 5 1 | 3 5 6 | 2 . 5 | 1 . . ‖

Allᵒ (M. 120) Ton d'Ut.

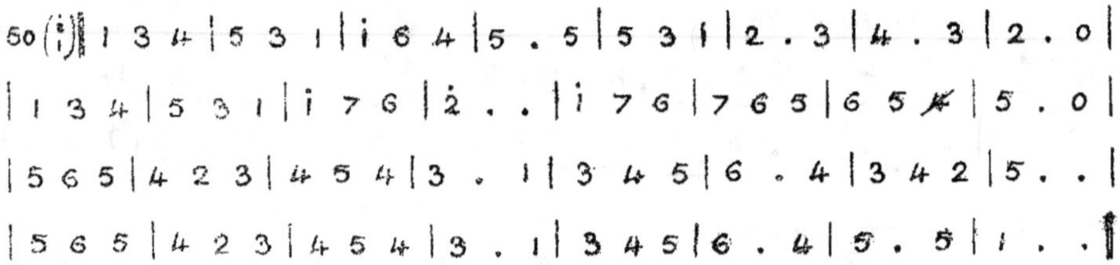

50 (³⁄₁) ‖ 1 3 4 | 5 3 1 | 1̇ 6 4 | 5 . 5 | 5 3 1 | 2 . 3 | 4 . 3 | 2 . 0 |
| 1 3 4 | 5 3 1 | 1̇ 7 6 | 2̇ . . | 1̇ 7 6 | 7 6 5 | 6 5 4 | 5 . 0 |
| 5 6 5 | 4 2 3 | 4 5 4 | 3 . 1 | 3 4 5 | 6 . 4 | 3 4 2 | 5 . . |
| 5 6 5 | 4 2 3 | 4 5 4 | 3 . 1 | 3 4 5 | 6 . 4 | 5 . 5 | 1 . . ‖

---

# 1ᵉʳᵉ Partie. — Section B. — Groupe 3.

Etudes des Coupes [ 5 5 0 | 5 5 . / ta. ta. chu. ta. ta. a. ], et des Coupes précédentes.

---

Allᵒ (M. 144) Ton de Sol

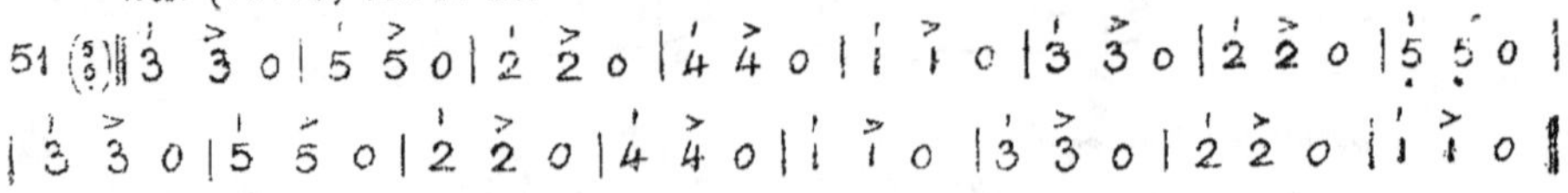

51 (⁵⁄₈) ‖ 3 3 0 | 5 5 0 | 2 2 0 | 4 4 0 | 1 1̇ 0 | 3 3 0 | 2 2 0 | 5 5 0 |
| 3 3 0 | 5 5 0 | 2 2 0 | 4 4 0 | 1 1̇ 0 | 3 3 0 | 2 2 0 | 1 1̇ 0 ‖

Allᵒ (M. 144) Ton de Sol.

52 (⁵⁄₅) ‖ 5 5 . | 3 3 . | 4 4 . | 2 2 . | 5 1̇ . | 5 2 . | 5 3 . | 4 2 . |
| 5 5 . | 3 3 . | 4 4 . | 2 2 . | 5 1̇ . | 5 2 . | 5 3 . | 2 1̇ . ‖

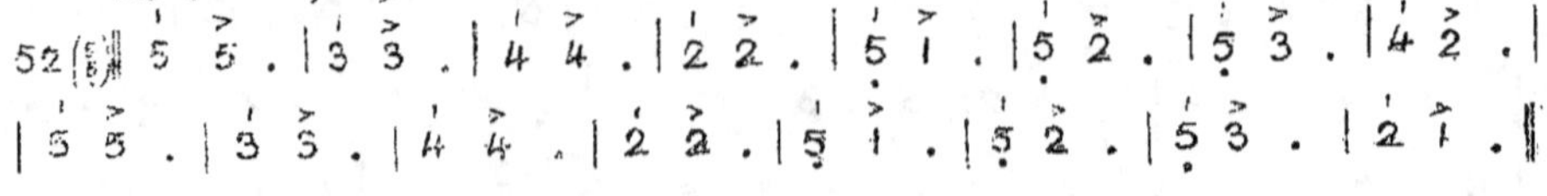

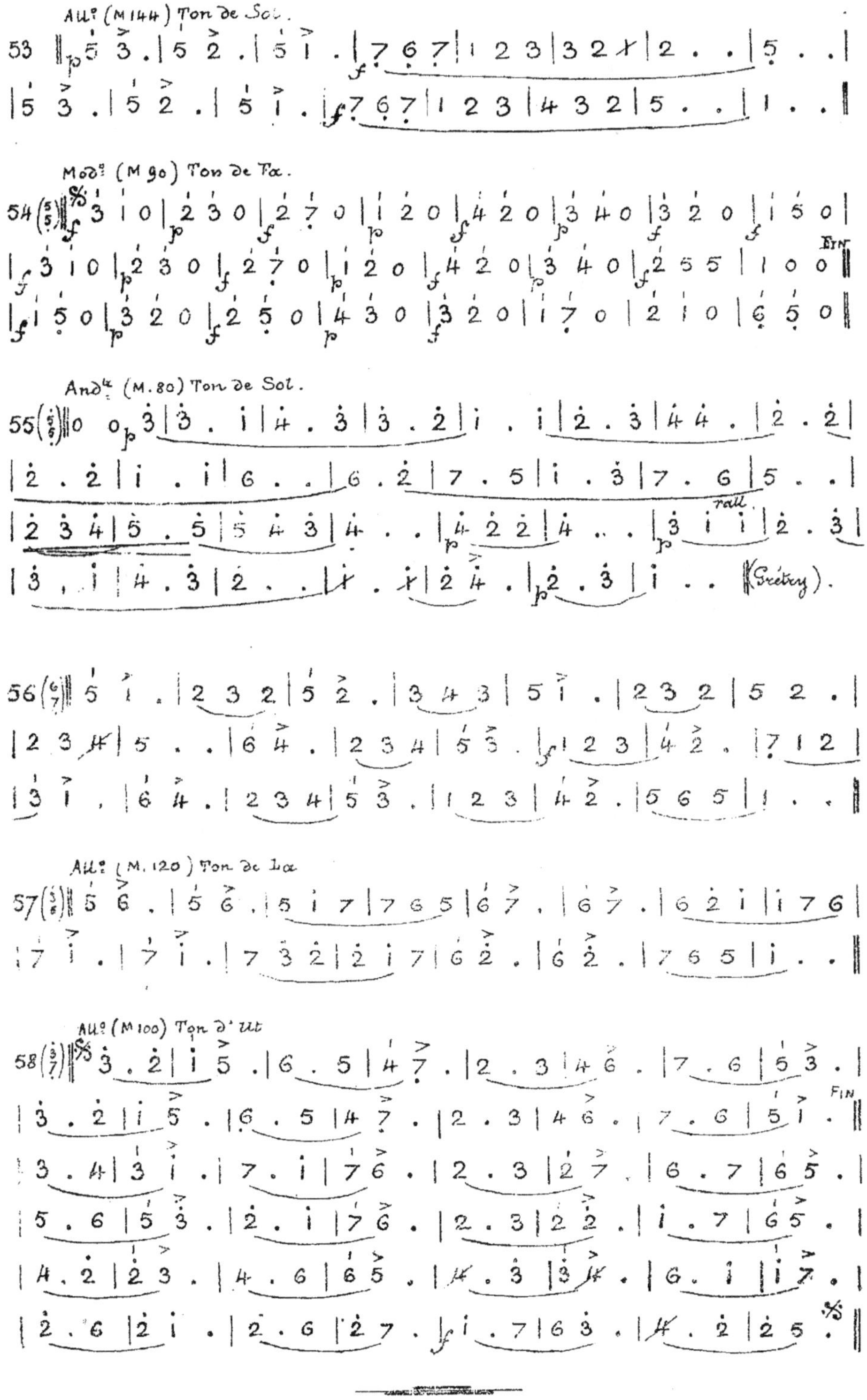

**Allᵗ (M 144) Ton de Sol.**

53 ‖ p 5̇ 3 . | 5̇ 2 . | 5̇ 1̇ . | f 7 6 7 | 1 2 3 | 3 2 4 | 2 . . | 5 . . |
| 5 3 . | 5 2 . | 5 1̇ . | f 7 6 7 | 1 2 3 | 4 3 2 | 5 . . | 1 . . ‖

**Modᵗ (M 90) Ton de Fa.**

54 (⁵⁄₅) ‖ f 3̇ 1 0 | p 2̇ 3 0 | f 2̇ 7 0 | p 1̇ 2 0 | f 4̇ 2 0 | p 3̇ 4 0 | f 3̇ 2 0 | 1̇ 5 0 |
| f 3̇ 1 0 | p 2̇ 3 0 | f 2̇ 7 0 | p 1̇ 2 0 | f 4̇ 2 0 | p 3̇ 4 0 | f 2̇ 5 5 | 1 0 0 ‖ FIN
| f 1̇ 5 0 | p 3̇ 2 0 | f 2̇ 5 0 | p 4̇ 3 0 | 3̇ 2 0 | 1̇ 7 0 | 2̇ 1 0 | 6̇ 5 0 ‖

**Andᵗ (M. 80) Ton de Sol.**

55 (⁶⁄₈) ‖ 0 0 p 3̇ | 3̇ . 1̇ | 4̇ . 3̇ | 3̇ . 2̇ | 1̇ . 1̇ | 2̇ . 3̇ | 4̇ 4̇ . | 2̇ . 2̇ |
| 2̇ . 2̇ | 1̇ . 1̇ | 6 . . | 6 . 2̇ | 7 . 5 | 1̇ . 3̇ | 7 . 6 | 5 . . |
| 2̇ 3̇ 4̇ | 5̇ . 5̇ | 5̇ 4̇ 3̇ | 4̇ . . | p 4̇ 2̇ 2̇ | 4̇ . . | p 3̇ 1̇ 1̇ | 2̇ . 3̇ | (rall.)
| 3̇ . 1̇ | 4̇ . 3̇ | 2̇ . . | 4̇ . 4̇ | 2̇ 4̇ . | p 2̇ . 3̇ | 1̇ . . (Grétry).

56 (⁶⁄₇) ‖ 5̇ 1̇ . | 2 3 2 | 5̇ 2̇ . | 3 4 3 | 5̇ 1̇ . | 2 3 2 | 5 2 . |
| 2 3 4 | 5 . . | 6̇ 4̇ . | 2 3 4 | 5̇ 3̇ . | f 1 2 3 | 4̇ 2̇ . | 7 1 2 |
| 3̇ 1̇ . | 6̇ 4̇ . | 2 3 4 | 5̇ 3̇ . | 1 2 3 | 4̇ 2̇ . | 5 6 5 | 1 . . ‖

**Allᵗ (M. 120) Ton de La**

57 (³⁄₈) ‖ 5̇ 6̇ . | 5̇ 6̇ . | 5̇ 1̇ 7 | 7 6 5 | 6̇ 7̇ . | 6̇ 7̇ . | 6 2̇ 1̇ | 1̇ 7 6 |
| 7̇ 1̇ . | 7̇ 1̇ . | 7 3̇ 2̇ | 2̇ 1̇ 7 | 6̇ 2̇ . | 6̇ 2̇ . | 7 6 5 | 1̇ . . ‖

**Allᵗ (M 100) Ton d'ut**

58 (³⁄₇) ‖ 3̇ . 2̇ | 1̇ 5̇ . | 6̇ . 5 | 4̇ 7̇ . | 2 . 3 | 4̇ 6̇ . | 7 . 6 | 5̇ 3̇ . |
| 3̇ . 2̇ | 1̇ 5̇ . | 6̇ . 5 | 4̇ 7̇ . | 2 . 3 | 4̇ 6̇ . | 7 . 6 | 5̇ 1̇ . ‖ FIN
| 3̇ . 4̇ | 3̇ 1̇ . | 7 . 1̇ | 7 6 . | 2 . 3 | 2̇ 7̇ . | 6 . 7 | 6̇ 5̇ . |
| 5̇ . 6̇ | 5̇ 3̇ . | 2̇ . 1̇ | 7 6̇ . | 2 . 3 | 2̇ 2̇ . | 1̇ . 7 | 6̇ 5̇ . |
| 4̇ . 2̇ | 2̇ 3̇ . | 4̇ . 6̇ | 6̇ 5̇ . | 4̇ . 3̇ | 3̇ 4̇ . | 6̇ . 1̇ | 1̇ 7̇ . |
| 2̇ . 6̇ | 2̇ 1̇ . | 2̇ . 6̇ | 2̇ 7̇ . | f 1̇ . 7 | 6̇ 3̇ . | 4̇ . 2̇ | 2̇ 5̇ . ‖

1ᵉʳ Livre — 1ᵉ Partie.
Section A — Airs à 4 temps.

Etudes des Coupes



Moď. (M 90) Ton de Mi

59 (⁴₄) ‖ 1 . 1 . | 1 . 2 3 | 4 . 3 . | 2 . . . |
| 5 . 5 . | 4 . 3 2 | 1 . 3 . | 2 . . . | 1 . 1 . | 1 . 2 3 |
| 4 . 3 . | 2 . . . | 5 . 5 . | 6 . 5 4 | 3 . 2 . | 1 . . . ‖

Moď. (M. 90) Ton de Mi

60 (⁴₄) ‖ 𝆑 1 2 3 4 | 5 . 0 0 | 5̣ 6̣ 7̣ 1 | 2 . 0 0 |
| 2 3 4 5 | 6 . 0 0 | 7 1 7 6 | 5 . 0 0 | 6 5 6 5 | 4 . 0 0 |
| 5 4 5 4 | 3 . 0 0 | 1 2 3 4 | 5 . 0 0 | 5̣ 5̣ 6̣ 7̣ | 1 . 0 0 ‖

All. (M. 120) Ton de Fa.

61 (⁴₄) ‖ 5 . 5 . | 5 . 4 3 | 2 . 3 2 | 1 . 5̣ . | 1 7̣ 1 2 |
| 3 . 5 4 | 3 . 2 1 | 2 . . . | 5 . 5 . | 5 . 4 3 | 6 . 6 . |
| 5 . . . | 6 5 4 3 | 4 2 3 4 | 5 . 5 . | 1 . . 0 ‖

Moď. (M. 90) Ton de Fa.

62 (⁴₄) ‖ 1 2 3 1 | 1 2 3 1 | 2 3 4 2 | 5 . 5 . | 1 2 3 1 |
| 1 2 3 1 | 2 3 4 2 | 1 . . 0 ‖ 𝐅𝐈𝐍 2 . 2 . | 2 . . . | 3 1 2 3 |
| 2 7̣ 5̣ . | 2 . 2 . | 2 . . . | 5 5 6 4 | 5 . . . ‖

All. (M. 120) Ton de Sou.

63 (⁴₄) ‖ 1 1 2 3 | 4 5 6 . | 5 5 4 3 | 2 . . . | 5 5 6 7 |
| 1̇ 2̇ 3̇ . | 3̇ 2̇ 1̇ 7 | 7 . 1̇ . ‖

All. (M. 120) Ton de Meu.

64 (⁴₄) ‖ 3 4 5 . | 6 7 1̇ . | 3 4 5 . | 4 3 2 . | 3 4 5 . |
| 6 7 1̇ . | 3 4 5 . | 2 3 1 . ‖ 𝐅𝐈𝐍 2 3 2 . | 5 6 5 . | 2 3 2 . |
| 1 7̣ 6̣ . | 2 3 2 . | 5 6 7 . | 6 5 6 . | 5 4 5 . ‖

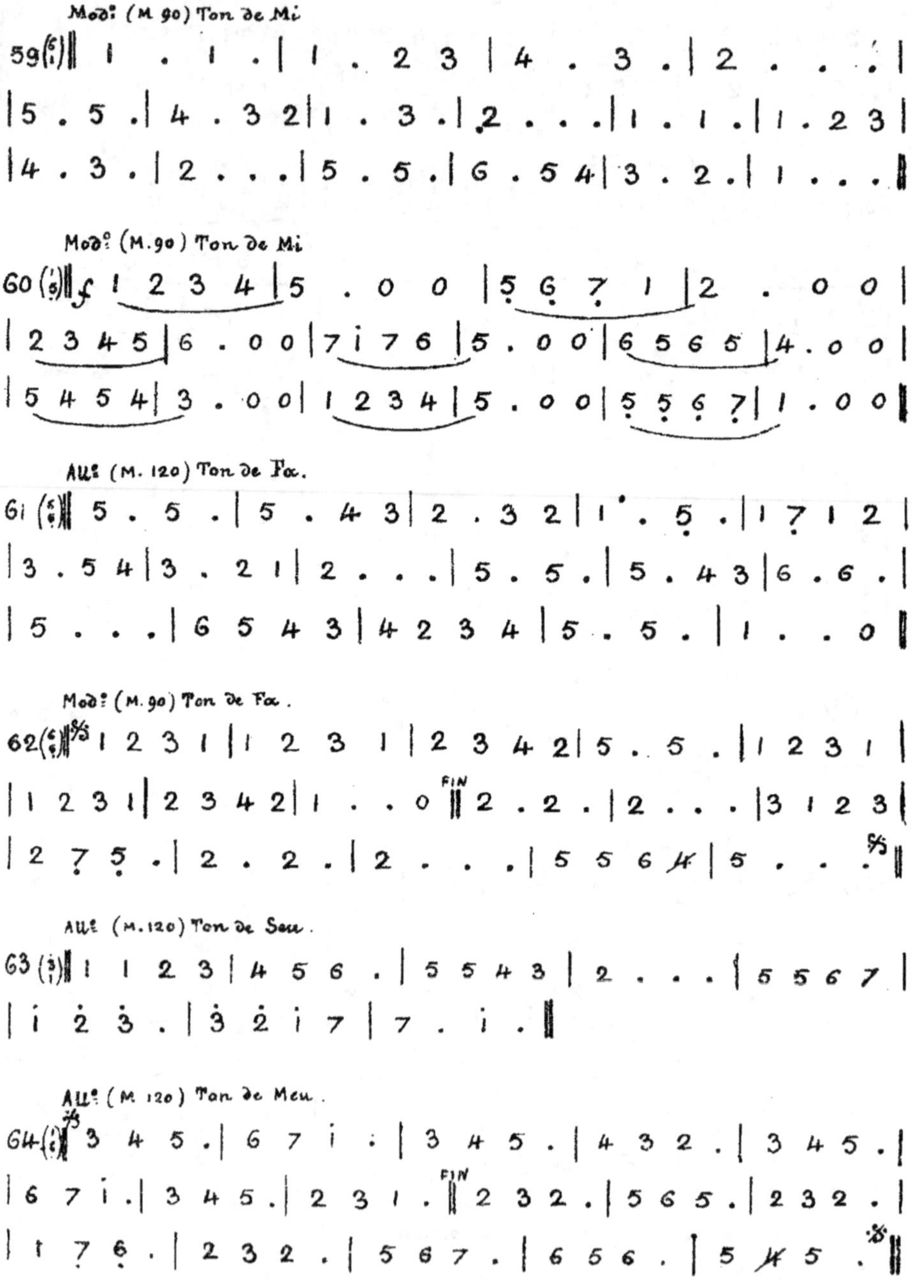

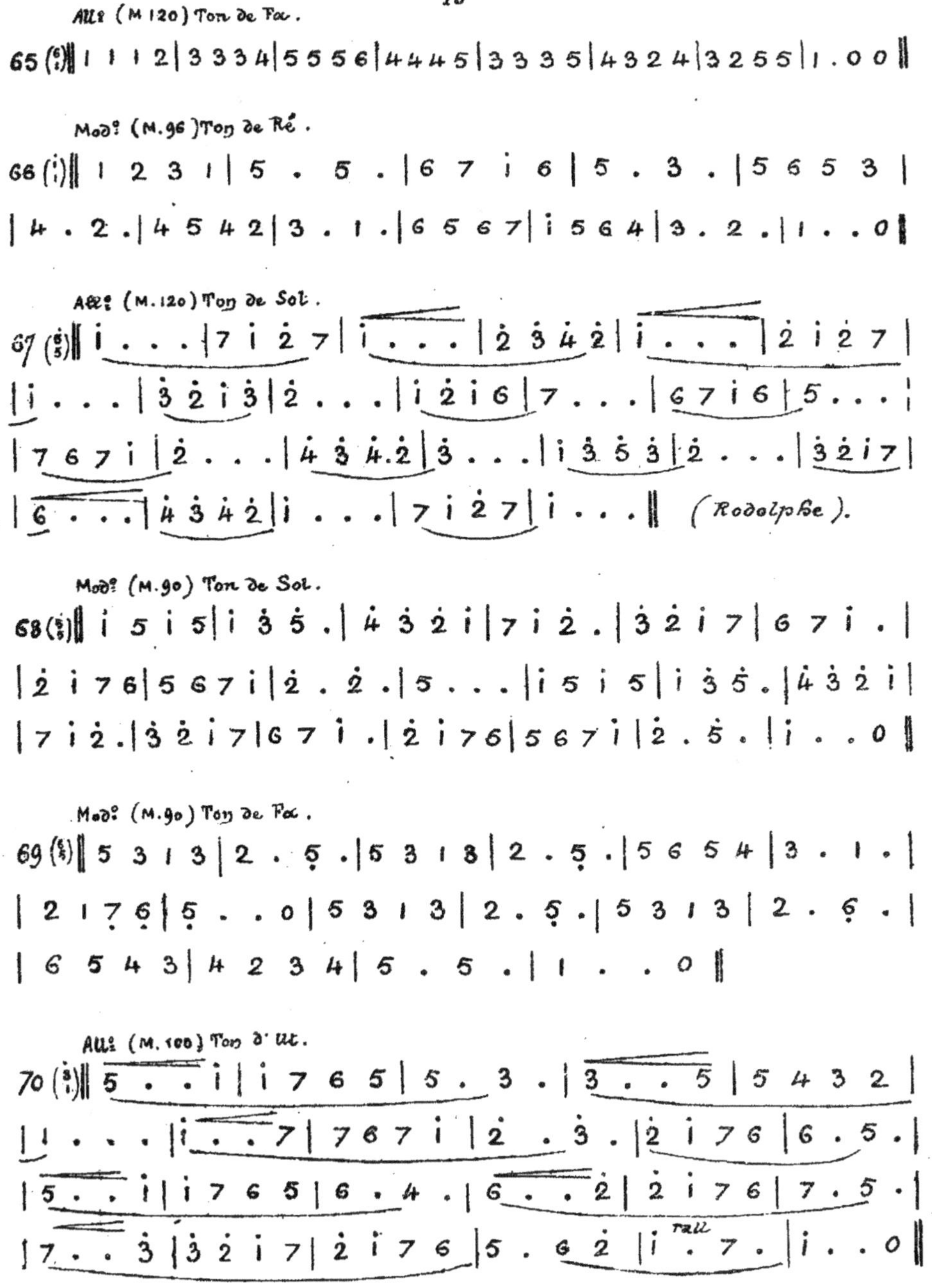

Allt (M 120) Ton de Fa.

65 (6/8) ‖ 1 1 1 2 | 3 3 3 4 | 5 5 5 6 | 4 4 4 5 | 3 3 3 5 | 4 3 2 4 | 3 2 5 5 | 1 . 0 0 ‖

Modt (M.96) Ton de Ré.

66 (2/4) ‖ 1 2 3 1 | 5 . 5 . | 6 7 i 6 | 5 . 3 . | 5 6 5 3 |
| 4 . 2 . | 4 5 4 2 | 3 . 1 . | 6 5 6 7 | i 5 6 4 | 3 . 2 . | 1 . . 0 ‖

Allt (M.120) Ton de Sol.

67 (6/5) ‖ i . . . | 7 i 2 7 | i . . . | 2 3 4 2 | i . . . | 2 i 2 7 |
| i . . . | 3 2 i 3 | 2 . . . | i 2 i 6 | 7 . . . | 6 7 i 6 | 5 . . . |
| 7 6 7 i | 2 . . . | 4 3 4 . 2 | 3 . . . | i 3 5 3 | 2 . . . | 3 2 i 7 |
| 6 . . . | 4 3 4 2 | i . . . | 7 i 2 7 | i . . . ‖ (Rodolphe).

Modt (M.90) Ton de Sol.

68 (2/4) ‖ i 5 i 5 | i 3 5 . | 4 3 2 i | 7 i 2 . | 3 2 i 7 | 6 7 i . |
| 2 i 7 6 | 5 6 7 i | 2 . 2 . | 5 . . . | i 5 i 5 | i 3 5 . | 4 3 2 i |
| 7 i 2 . | 3 2 i 7 | 6 7 i . | 2 i 7 6 | 5 6 7 i | 2 . 5 . | i . . 0 ‖

Modt (M.90) Ton de Fa.

69 (2/4) ‖ 5 3 1 3 | 2 . 5 . | 5 3 1 3 | 2 . 5 . | 5 6 5 4 | 3 . 1 . |
| 2 1 7 6 | 5 . . 0 | 5 3 1 3 | 2 . 5 . | 5 3 1 3 | 2 . 6 . |
| 6 5 4 3 | 4 2 3 4 | 5 . 5 . | 1 . . 0 ‖

Allt (M.100) Ton d'Ut.

70 (3/4) ‖ 5 . . i | i 7 6 5 | 5 . 3 . | 3 . . 5 | 5 4 3 2 |
| 1 . . . | i . . 7 | 7 6 7 i | 2 . 3 . | 2 i 7 6 | 6 . 5 . |
| 5 . . i | i 7 6 5 | 6 . 4 . | 6 . . 2 | 2 i 7 6 | 7 . 5 . |
| 7 . . 3 | 3 2 i 7 | 2 i 7 6 | 5 . 6 2 | i . 7 . _rall_ | i . . 0 ‖

# 1er Livre _ 2e Partie _ Section A. Division Binaire

Airs à 2 temps. _ Étude de la Coupe $\left[\begin{smallmatrix}5&5\\ta&ta\end{smallmatrix}\right]$ et des coupes précédentes.

**Allo (M. 120) Ton de Fa.**

71 (2/4) ‖ 1  1 | 1 2̅3̅ | 4  3 | 2  . | 5  5 | 4 3̅2̅ | 1  3 | 2  . |
| 1  1 | 1 2̅3̅ | 4  3 | 2  . | 5  5 | 6 5̅4̅ | 3  2 | 1  . ‖

**Allo (M 100) Ton de Sol**

72 (6/8) ‖ 1̅5̅ 1̅2̅ | 3  . | 2̅3̅ 4̅2̅ | 3  . | 5̅4̅3̅2̅ | 1  . | 2̅3̅ 1̅3̅ | 2  . |
| 1̅5̅ 1̅2̅ | 3  . | 2̅3̅ 4̅2̅ | 3  . | 5̅4̅3̅2̅ | 1  . | 2̅3̅ 4̅2̅ | 1  . ‖

**Allo (M 120) Ton de Fa**

73 (6/8) ‖ 1̅1̅ 1 | 2 . 2̅2̅2̅ | 3 . 3̅3̅3̅ | 4 . 5̅4̅ 3 | 2 . 5̅5̅5̅ | 6 . 4̅4̅4̅ | 5 . 3̅3̅3̅ |
| 4 . 2̅2̅2̅ | 1 . 2̅2̅2̅ | 5̲ . 3̅3̅3̅ | 5̲ . 4̅4̅4̅ | 5̲ . 5̅5̅5̅ | 6 . 4̅4̅4̅ | 5 . |
| 3̅3̅3̅ | 4 . 2̅2̅2̅ | 3 . 5̅5̅5̅ | 6 . 4̅4̅4̅ | 5 . 3̅3̅3̅ | 4 . 5̅5̅5̅ | 1 . ‖

**Allo (M 120) Ton de Meu**

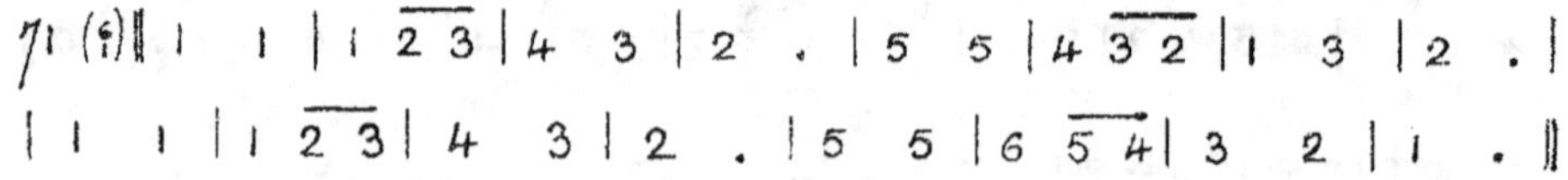

74 (6/8) ‖ 3̅4̅5̅ | 6̅7̅ i | 3̅4̅5̅ | 4̅3̅2̅ | 3̅4̅5̅ | 6̅7̅ i | 3̅4̅5̅ | 2̅3̅ i  Fin |
| 2̅3̅2̅ | 5̅5̅5̅ | 2̅3̅2̅ | 1̅7̅6̲ | 2̅3̅2̅ | 5̅6̅7̅ | 6̅5̅6̅ | 5̅4̅5̅ ‖

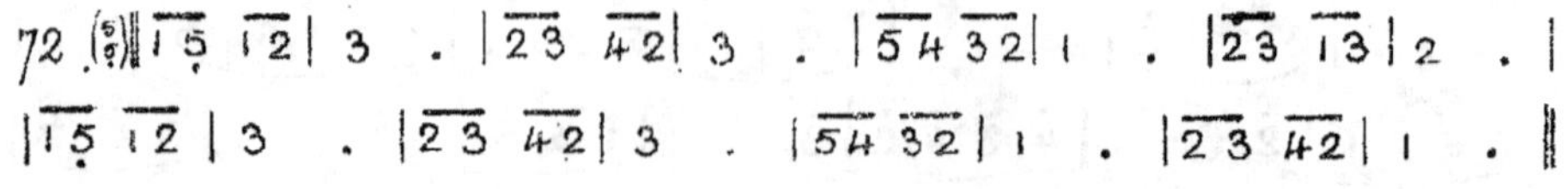

**Allo (M. 120) Ton de Fa.**

75 (2/4) ‖ 5  4 | 3  0 | 2̅3̅ 4̅2̅ | 1  0 | 3̅4̅ 5̅3̅ | 2̅3̅ 4̅2̅ |
| 3̅4̅ 5̅3̅ | 2̅3̅ 4̅2̅ | 5  4 | 3  0 | 2̅3̅ 4̅2̅ | 1  0 ‖

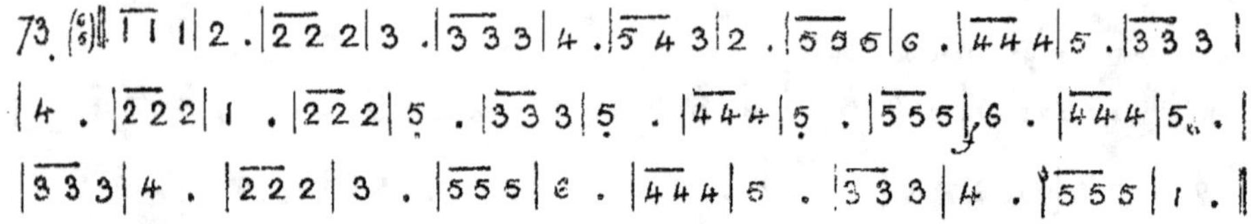

**Allo (M 120) Ton de Sol.**

76 (6/8) ‖ 3̅1̅ 3̅1̅ | 4  4 | 3̅1̅ 3̅1̅ | 2  2 | 3̅1̅ 3̅1̅ | 4  4 | 3̅1̅ 3̅1̅ | 5  . | 5̅4̅3̅5̅ | 4̅3̅ 2̅3̅ |
| 4̅3̅ 2̅4̅ | 3̅2̅ 1 | 3̅2̅ 1̅7̅6̲ | 2 | 1  7̲ | i | 1̅2̅ 3̅2̅ 1̅7̅6̲ | 2 | 1  7̲ | 1  0 ‖

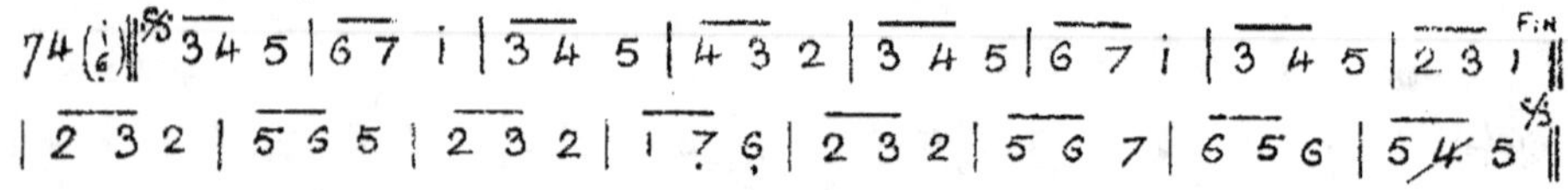

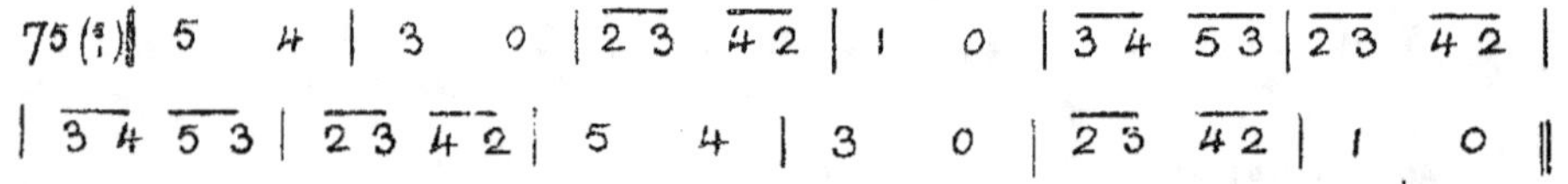

**Allo (M 100) Ton de Sol.**

77 (2/4) ‖ i  1 | 2̅3̅ i | 2̅3̅ 1̅4̅ 3̅2̅ | 1  5̲ | 1  2̅3̅ i | 2̅3̅ 1̅4̅3̅2̅ | 1  . | Fin |
| 5  5̲5̲ | 5̲ 4̅3̅ | 2̲1̲ 7̲1̲ | 2  5̲ | 5  5̲5̲ | 5̲ 4̅3̅ | 2̲1̲ 7̲1̲ | 5  . ‖

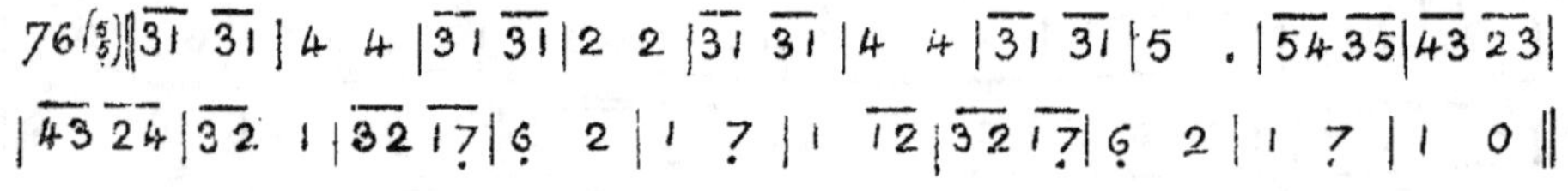

**Allo (M 100) Ton de Fa.**

78 (6/8) ‖ 6̲3̅ 3̅3̅ | 6̲3̅ 3̅3̅ | 4̅2̅ 3̅1̅ | 2̅7̲ 6̲ | 6̲3̅ 3̅3̅ | 6̲3̅ 3̅3̅ | 4̅2̅ 3̅1̅ | 2̅7̲ i |
| 1̅3̅ 5̅5̅ | 1̅5̅ 5̅5̅ | 6̅4̅ 5̅3̅ | 4̅2̅ 3̅1̅ | 5̅ 5̅5̅ | 5̅ 5̅5̅ | 6̅4̅ 5̅3̅ | 4̅2̅ 1 ‖

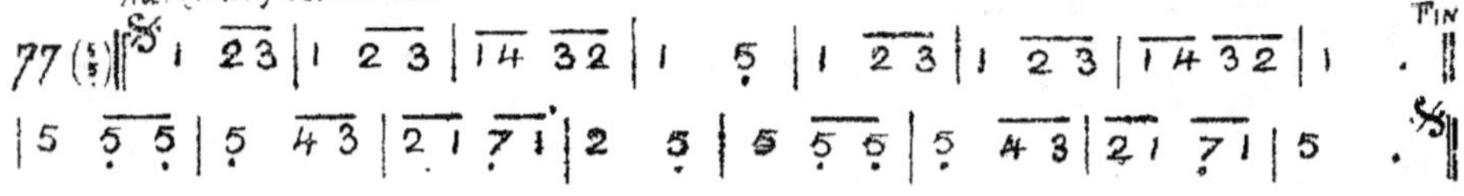

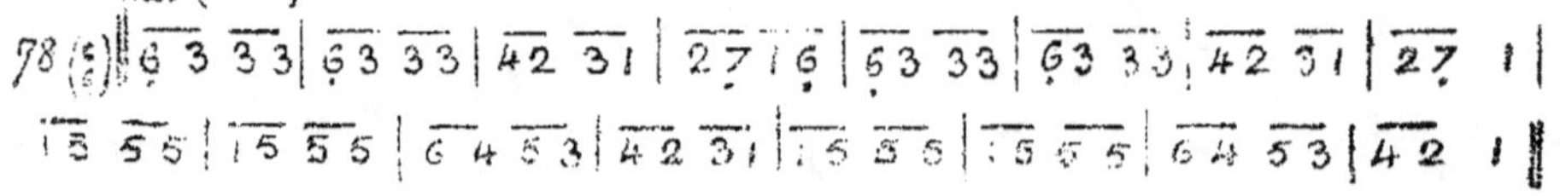

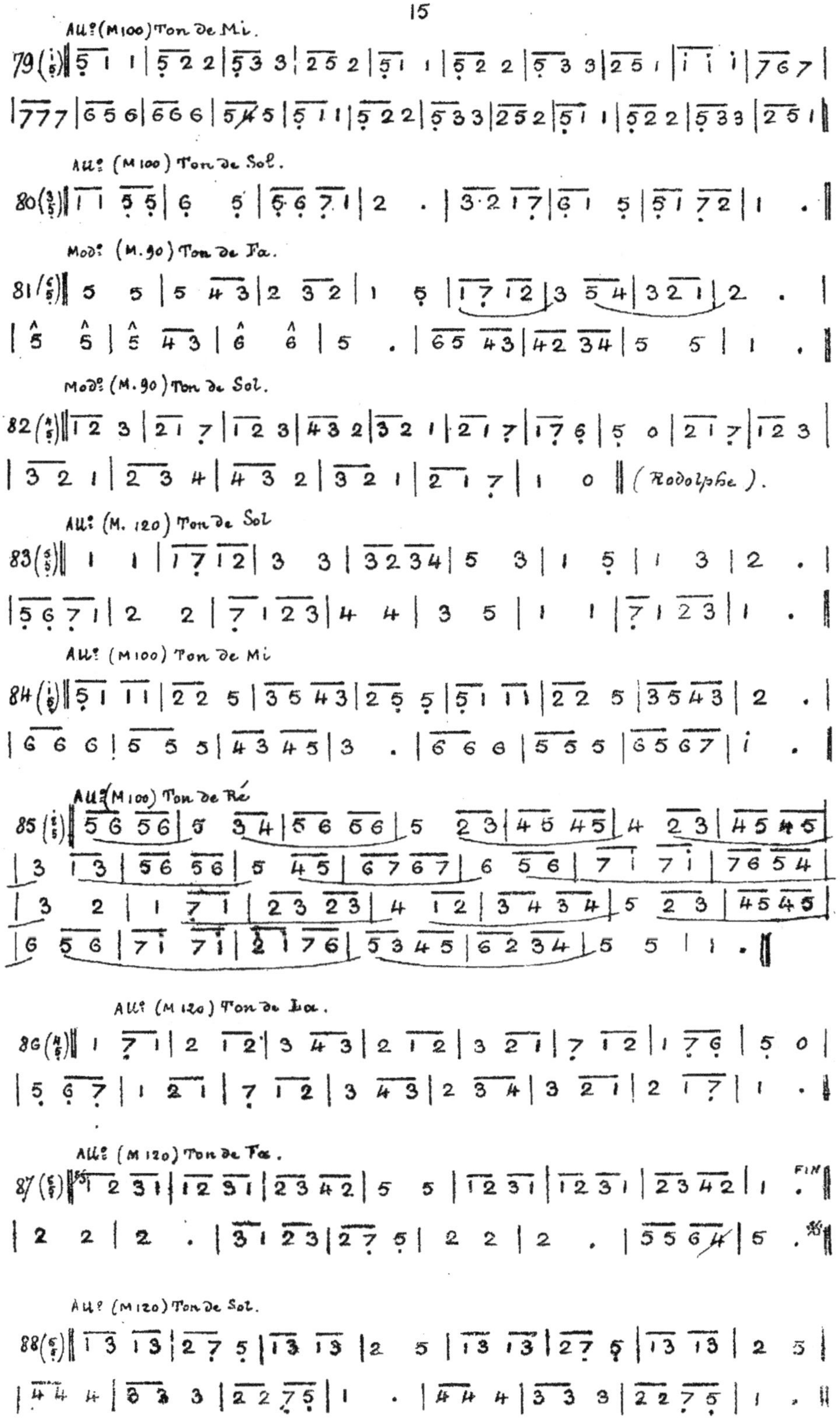

Allᵗ (M 100) Ton de Mi.
79 (²/₄) ‖: 5̣ 1 1 | 5̣ 2 2 | 5̣ 3 3 | 2 5̣ 2 | 5̣ 1 1 | 5̣ 2 2 | 5̣ 3 3 | 2 5̣ 1 | i i i | 7 6 7 |
7 7 7 | 6 5 6 | 6 6 6 | 5 4 5 | 5̣ 1 1 | 5̣ 2 2 | 5̣ 3 3 | 2 5̣ 2 | 5̣ 1 1 | 5̣ 2 2 | 5̣ 3 3 | 2 5̣ 1 :‖

Allᵗ (M 100) Ton de Sol.
80 (³/₄) ‖ 1 1 5̣ 5̣ | 6̣ · 5̣ | 5̣ 6̣ 7̣ 1 | 2 · | 3 · 2 1 7̣ | 6̣ 1 5̣ | 5̣ 1 7̣ 2 | 1 · :‖

Modᵗ (M. 90) Ton de Fa.
81 (⁶/₈) ‖ 5 5 | 5 4 3 | 2 3 2 | 1 5̣ | 1 7̣ 1 2 | 3 5 4 | 3 2 1 | 2 · |
5̂ 5̂ | 5̂ 4 3 | 6̂ 6̂ | 5 · | 6 5 4 3 | 4 2 3 4 | 5 5 | 1 · :‖

Modᵗ (M. 90) Ton de Sol.
82 (⁴/₄) ‖ 1 2 3 | 2 1 7̣ | 1 2 3 | 4 3 2 | 3 2 1 | 2 1 7̣ | 1 7̣ 6̣ | 5̣ 0 | 2 1 7̣ | 1 2 3 |
3 2 1 | 2 3 4 | 4 3 2 | 3 2 1 | 2 1 7̣ | 1 0 ‖ (Rodolphe).

Allᵗ (M. 120) Ton de Sol
83 (⁵/₄) ‖ 1 1 | 1 7̣ 1 2 | 3 3 | 3 2 3 4 | 5 3 | 1 5̣ | 1 3 2 | · |
5̣ 6̣ 7̣ 1 | 2 2 | 7̣ 1 2 3 | 4 4 | 3 5 | 1 1 | 7̣ 1 2 3 | 1 · :‖

Allᵗ (M 100) Ton de Mi
84 (⁴/₄) ‖ 5̣ 1 1 1 | 2 2 5 | 3 5 4 3 | 2 5̣ 5̣ | 5̣ 1 1 1 | 2 2 5 | 3 5 4 3 | 2 · |
6 6 6 | 5 5 5 | 4 3 4 5 | 3 · | 6 6 6 | 5 5 5 | 6 5 6 7 | i · :‖

Allᵗ (M 100) Ton de Ré
85 (²/₄) ‖ 5 6 5 6 | 5 3 4 | 5 6 5 6 | 5 2 3 | 4 5 4 5 | 4 2 3 | 4 5 4 5 |
3 1 3 | 5 6 5 6 | 5 4 5 | 6 7 6 7 | 6 5 6 | 7 1 7 1 | 7 6 5 4 |
3 2 1 7̣ 1 | 2 3 2 3 | 4 1 2 | 3 4 3 4 | 5 2 3 | 4 5 4 5 |
6 5 6 | 7 1 7 1 | 2 1 7 6 | 5 3 4 5 | 6 2 3 4 | 5 5 1 1 · :‖

Allᵗ (M 120) Ton de La.
86 (⁴/₄) ‖ 1 7̣ 1 | 2 1 2 | 3 4 3 | 2 1 2 | 3 2 1 | 7̣ 1 2 | 1 7̣ 6̣ | 5̣ 0 |
5̣ 6̣ 7̣ | 1 2 1 | 7̣ 1 2 | 3 4 3 | 2 3 4 | 3 2 1 | 2 1 7̣ | 1 · :‖

Allᵗ (M 120) Ton de Fa.
87 (⁵/₄) ‖ 1 2 3 1 | 1 2 3 1 | 2 3 4 2 | 5 5 | 1 2 3 1 | 1 2 3 1 | 2 3 4 2 | 1 · FIN ‖
2 2 | 2 · | 3 1 2 3 | 2 7̣ 5̣ | 2 2 2 | · | 5 5 6 4 | 5 · ‖

Allᵗ (M 120) Ton de Sol.
88 (⁵/₄) ‖ 1 3 1 3 | 2 7̣ 5̣ | 1 3 1 3 | 2 5 | 1 3 1 3 | 2 7̣ 5̣ | 1 3 1 3 | 2 5 |
4 4 4 | 3 3 3 | 2 2 7̣ 5̣ | 1 · | 4 4 4 | 3 3 3 | 2 2 7̣ 5̣ | 1 · :‖

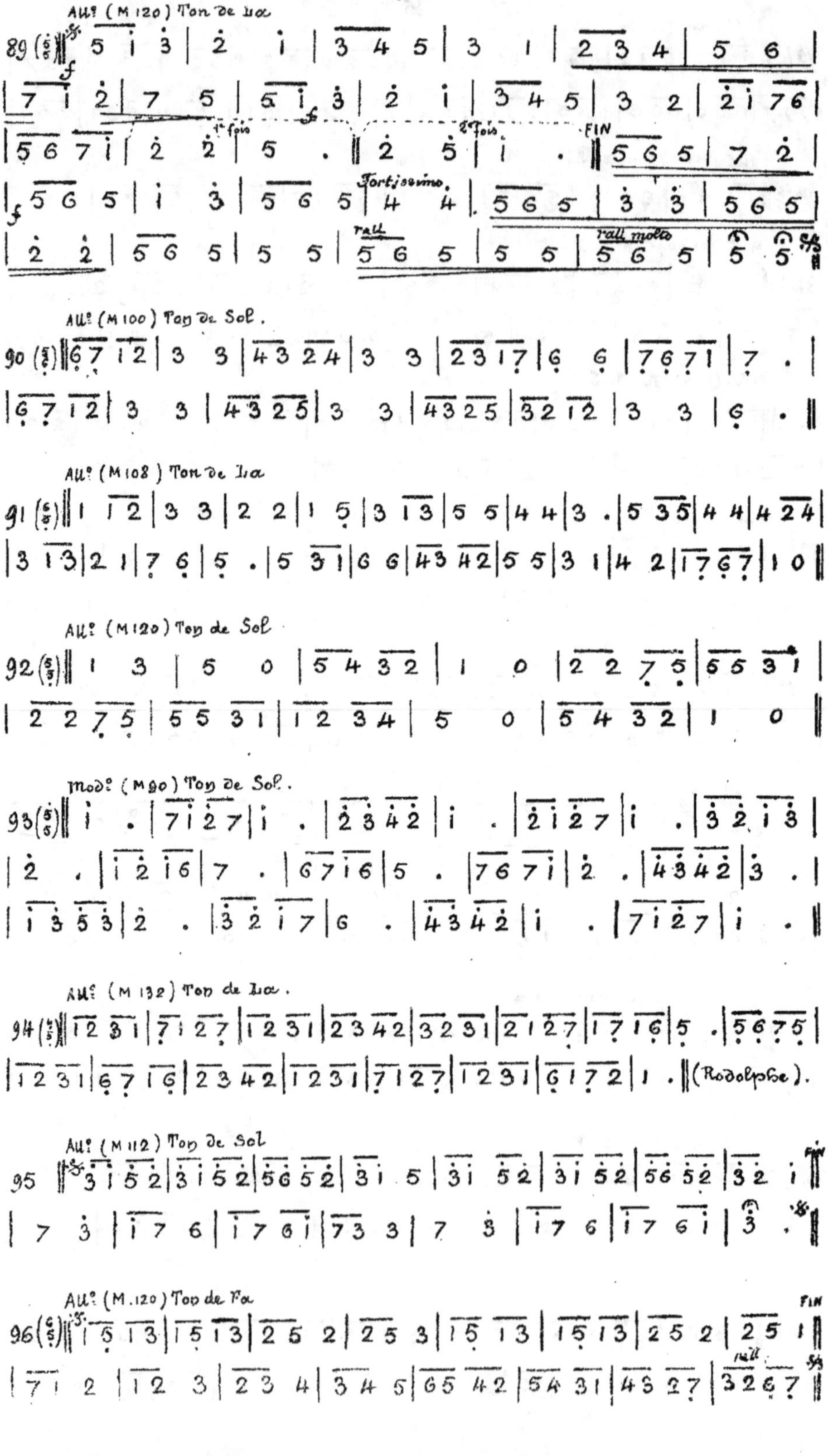

89 (5/8) Allᵒ (M 120) Ton de La
f
1ᵉ fois
2ᵉ fois
FIN
Fortissimo.
rall
rall molto

90 (5/8) Allᵒ (M 100) Ton de Sol.

91 (5/8) Allᵒ (M 108) Ton de La

92 (5/8) Allᵒ (M 120) Ton de Sol

93 (5/8) Modᵒ (M 90) Ton de Sol.

94 (5/8) Allᵒ (M 132) Ton de La.
(Rodolphe).

95 Allᵒ (M 112) Ton de Sol

96 (6/8) Allᵒ (M.120) Ton de Fa
FIN
rall

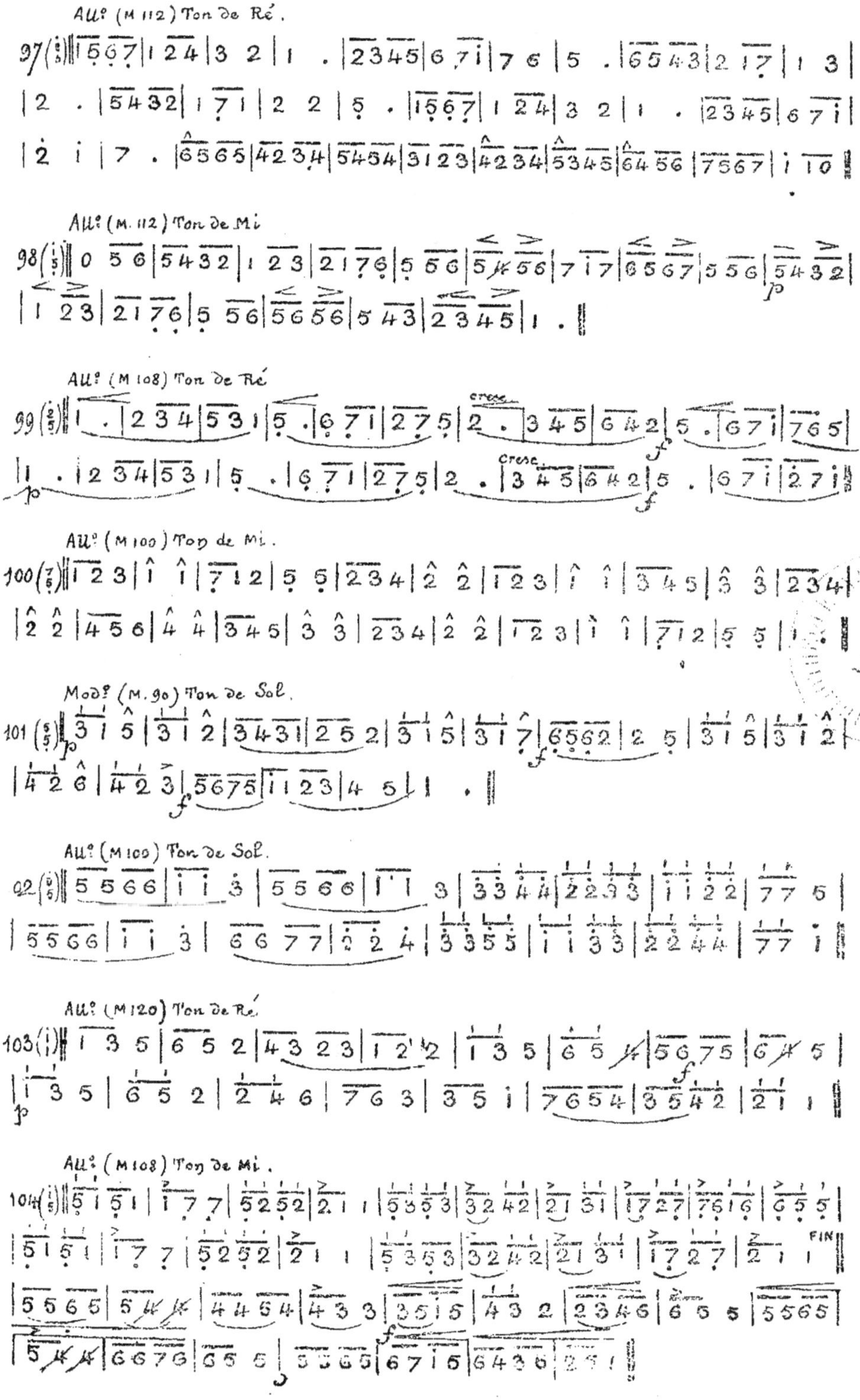

Allo (M 112) Ton de Ré.

97

Allo (M 112) Ton de Mi

98

Allo (M 108) Ton de Ré

99

Allo (M 100) Ton de Mi.

100

Modo (M.90) Ton de Sol.

101

Allo (M 100) Ton de Sol.

102

Allo (M 120) Ton de Ré.

103

Allo (M 108) Ton de Mi.

104

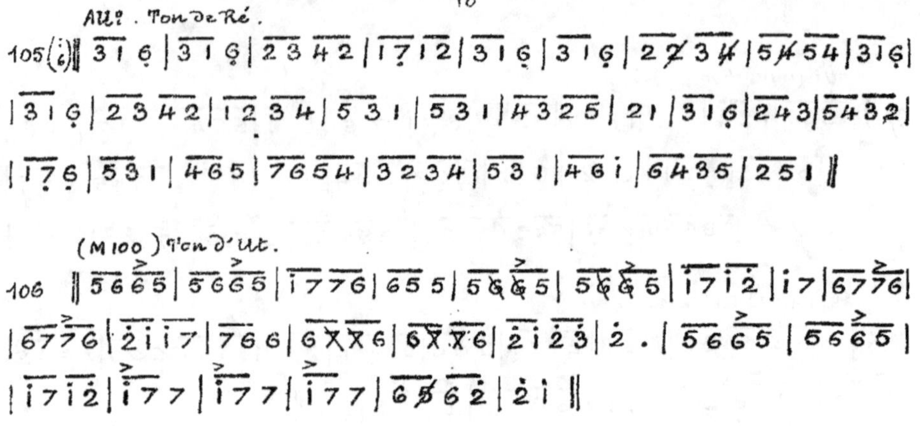

*All?. Ton de Ré.*

105 (6/8) ‖ 3 1 6 | 3 1 6 | 2 3 4 2 | 1 7 1 2 | 3 1 6 | 3 1 6 | 2 7 3 4 | 5 4 5 4 | 3 1 6 |
| 3 1 6 | 2 3 4 2 | 1 2 3 4 | 5 3 1 | 5 3 1 | 4 3 2 5 | 2 1 | 3 1 6 | 2 4 3 | 5 4 3 2 |
| 1 7 6 | 5 3 1 | 4 6 5 | 7 6 5 4 | 3 2 3 4 | 5 3 1 | 4 6 1 | 6 4 3 5 | 2 5 1 ‖

*(M 100) Ton d'Ut.*

106 ‖ 5 6 6 5 | 5 6 6 5 | 1 7 7 6 | 6 5 5 | 5 6 6 5 | 5 6 6 5 | 1 7 1 2 | 1 7 | 6 7 7 6 |
| 6 7 7 6 | 2 1 1 7 | 7 6 6 | 6 ✗ ✗ 6 | 6 ✗ ✗ 6 | 2 1 2 3 | 2 . | 5 6 6 5 | 5 6 6 5 |
| 1 7 1 2 | 1 7 7 | 1 7 7 | 1 7 7 | 6 5 6 2 | 2 1 ‖

---

## 2ᵉ Partie

### Section B. — Airs à 3 temps.

*Étude des Coupes précédentes*

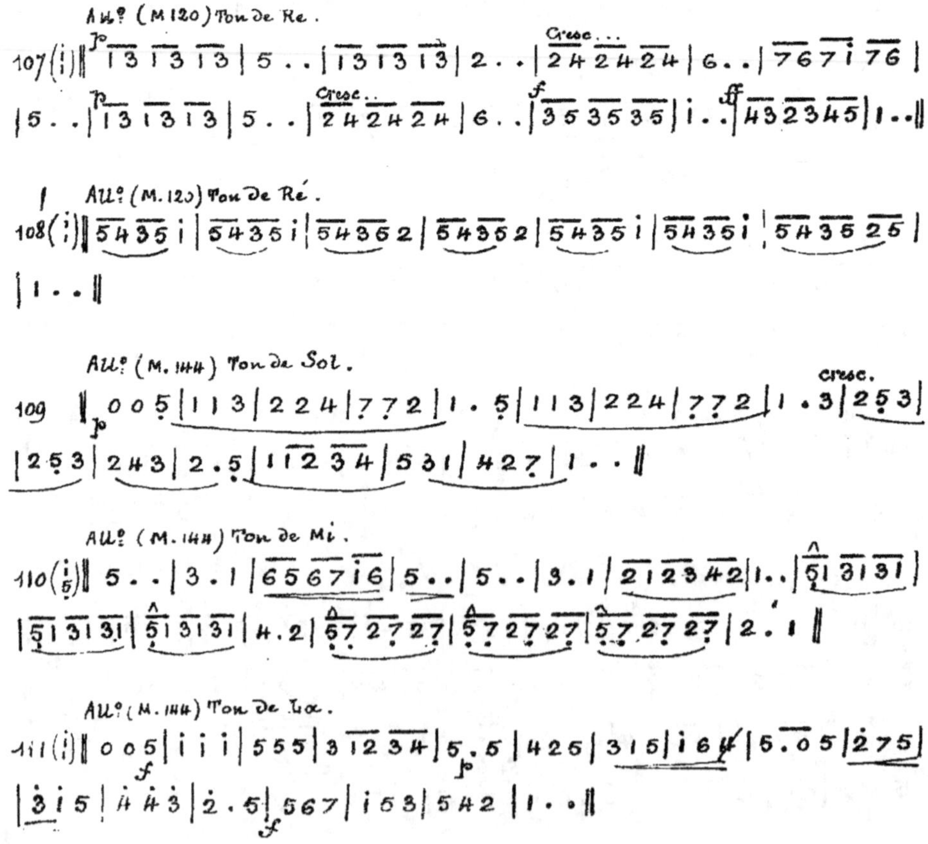

*All? (M 120) Ton de Ré.*

107 (3/4) ‖ p 1 3 1 3 1 3 | 5 . . | 1 3 1 3 1 3 | 2 . . | *Cresc…* 2 4 2 4 2 4 | 6 . . | 7 6 7 1 7 6 |
| 5 . . | p 1 3 1 3 1 3 | 5 . . | *Cresc…* 2 4 2 4 2 4 | 6 . . | f 3 5 3 5 3 5 | 1 . . | ff 4 3 2 3 4 5 | 1 . . ‖

*All? (M. 120) Ton de Ré.*

108 (3/4) ‖ 5 4 3 5 1 | 5 4 3 5 1 | 5 4 3 5 2 | 5 4 3 5 2 | 5 4 3 5 1 | 5 4 3 5 1 | 5 4 3 5 2 5 |
| 1 . . ‖

*All? (M. 144) Ton de Sol.*

109 ‖ p 0 0 5 | 1 1 3 | 2 2 4 | 7 7 2 | 1 . 5 | 1 1 3 | 2 2 4 | 7 7 2 | *cresc.* 1 . 3 | 2 5 3 |
| 2 5 3 | 2 4 3 | 2 . 5 | 1 1 2 3 4 | 5 3 1 | 4 2 7 | 1 . . ‖

*All? (M. 144) Ton de Mi.*

110 (3/8) ‖ 5 . . | 3 . 1 | 6 5 6 7 1 6 | 5 . . | 5 . . | 3 . 1 | 2 1 2 3 4 2 | 1 . . | 5 1 3 1 3 1 |
| 5 1 3 1 3 1 | 5 1 3 1 3 1 | 4 . 2 | 5 7 2 7 2 7 | 5 7 2 7 2 7 | 5 7 2 7 2 7 | 2 . 1 ‖

*All? (M. 144) Ton de La.*

111 (3/8) ‖ 0 0 5 | 1 1 1 | 5 5 5 | 3 1 2 3 4 | 5 . 5 | 4 2 5 | 3 1 5 | 1 6 4 | 5 . 0 5 | 2 7 5 |
| 3 1 5 | 4 4 3 | 2 . 5 | 5 6 7 | 1 6 3 | 5 4 2 | 1 . . ‖

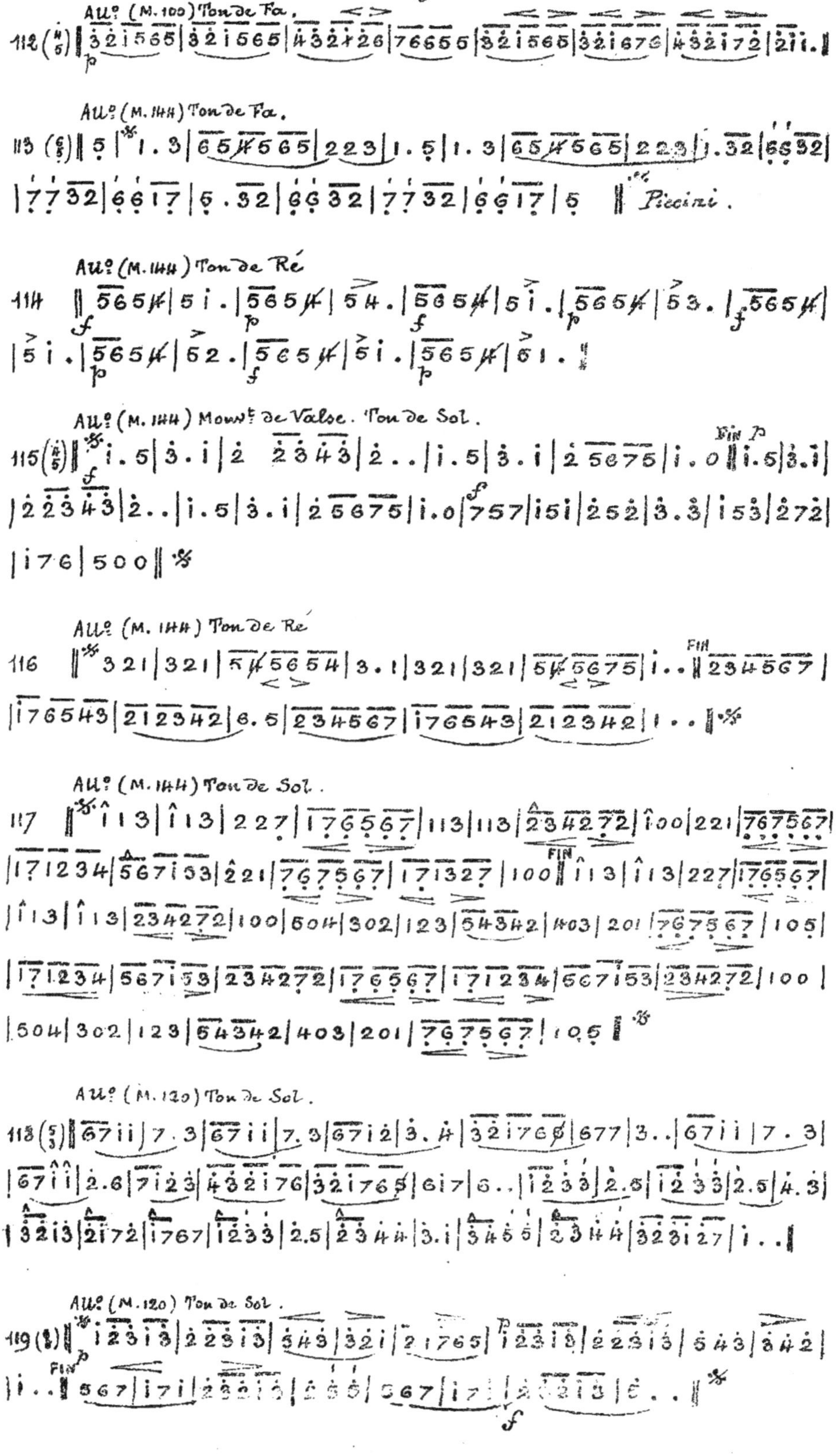

112 (♯/♭) *Allo (M.100) Ton de Fa.*
‖ 321 565 | 321 565 | 432 426 | 76655 | 321 565 | 321 676 | 432 172 | 21·. ‖
*p*

113 (C) *Allo (M.144) Ton de Fa.*
‖ 5 | 1·3 | 654 565 | 223 | 1·5 | 1·3 | 654 565 | 223 | 1·32 | 6532 |
| 7732 | 6617 | 5·32 | 6632 | 7732 | 6617 | 5 ‖ *Piccini.*

114 *Allo (M.144) Ton de Ré*
‖ 565♯ | 51· | 565♯ | 54· | 565♯ | 51· | 565♯ | 53· | 565♯ |
*f*      *p*     *f*     *p*     *f*
| 51· | 565♯ | 52· | 565♯ | 51· | 565♯ | 61· ‖
*p*     *f*     *p*

115 (♯/♭) *Allo (M.144) Mouv.t de Valse. Ton de Sol.*
‖ 1·5 | 3·1 | 2 | 2343 | 2·· | 1·5 | 3·1 | 25675 | 1·0 ‖ 1·5 | 3·1 |
*f*               *Fin P*
| 22343 | 2·· | 1·5 | 3·1 | 25675 | 1·0 | 757 | 151 | 252 | 3·3 | 153 | 272 |
| 176 | 500 ‖
| 176 | 500 ‖

116 *Allo (M.144) Ton de Ré*
‖ 321 | 321 | 54 5654 | 3·1 | 321 | 321 | 54 5675 | 1·· ‖ 234567 |
                                       *FIN*
| 176543 | 212342 | 6·5 | 234567 | 176543 | 212342 | 1·· ‖

117 *Allo (M.144) Ton de Sol.*
‖ 113 | 113 | 227 | 176567 | 113 | 113 | 234272 | 100 | 221 | 767567 |
| 171234 | 567153 | 221 | 767567 | 171327 | 100 ‖ 113 | 113 | 227 | 176567 |
| 113 | 113 | 234272 | 100 | 504 | 302 | 123 | 54342 | 403 | 201 | 767567 | 105 |
| 171234 | 567153 | 234272 | 176567 | 171234 | 567153 | 234272 | 100 |
| 504 | 302 | 123 | 54342 | 403 | 201 | 767567 | 105 ‖

118 (C) *Allo (M.120) Ton de Sol.*
‖ 671i | 7·3 | 671i | 7·3 | 671 2 | 3·4 | 321766 | 677 | 3·· | 671i | 7·3 |
| 671i | 2·6 | 7123 | 432176 | 321765 | 617 | 6·· | 1233 | 2·5 | 1233 | 2·5 | 4·3 |
| 32i3 | 2172 | 1767 | 1233 | 2·5 | 2344 | 3·1 | 3455 | 2344 | 32327 | 1·· ‖

119 (♯) *Allo (M.120) Ton de Sol.*
‖ 12313 | 22313 | 543 | 321 | 21765 | 12313 | 22313 | 543 | 342 |
*p*                        *P*
| 1·· | 567 | 171 | 23313 | 233 | 567 | 171 | 23313 | 6·· ‖
*Fin*                                *f*

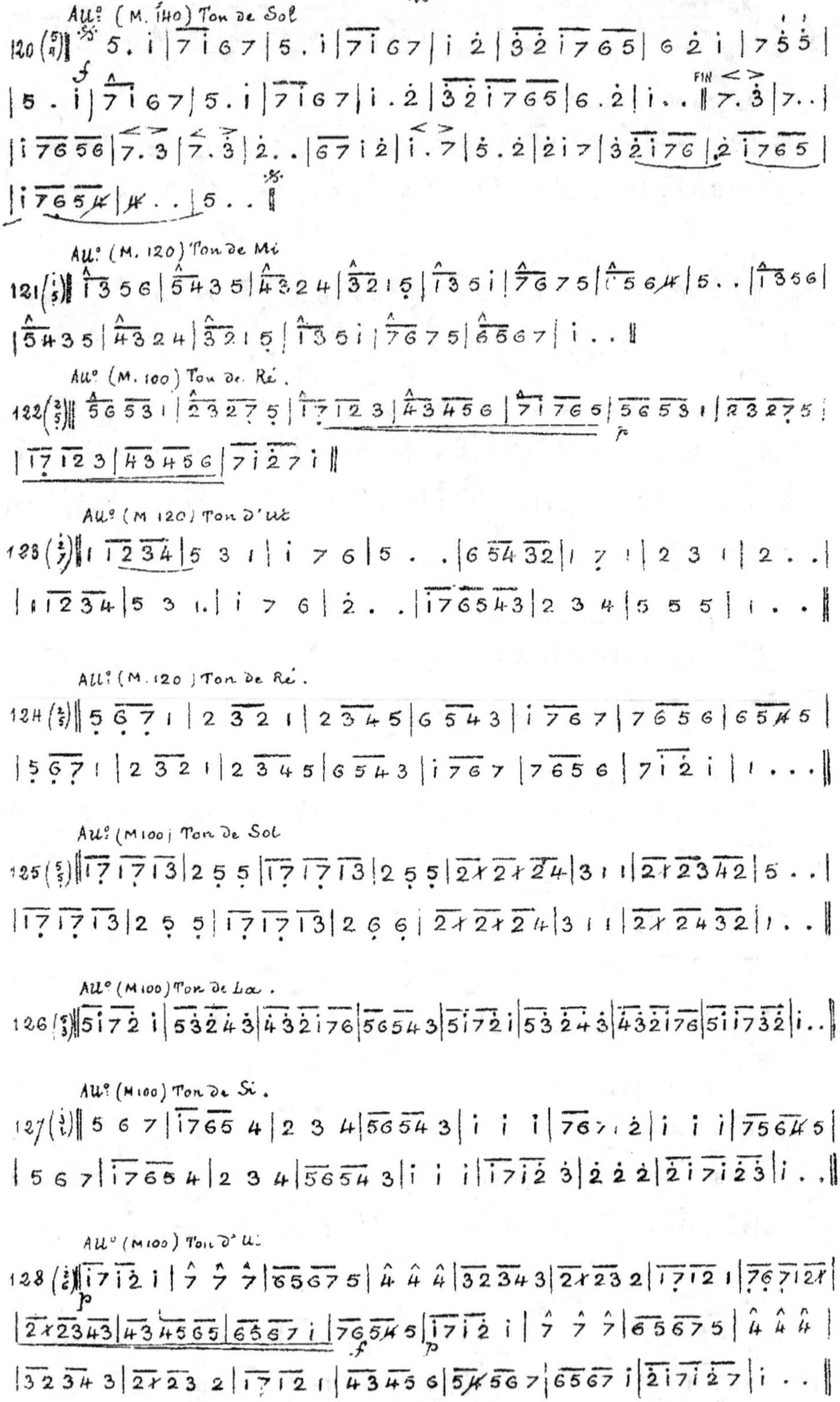

All° (M. 140) Ton de Sol

120 (5/4) 5 . i | 7 i 6 7 | 5 . i | 7 i 6 7 | i 2 | 3 2 i 7 6 5 | 6 2 i | 7 5 5 |
| 5 . i | 7 i 6 7 | 5 . i | 7 i 6 7 | i . 2 | 3 2 i 7 6 5 | 6 . 2 | i . . ‖ 7 . 3 | 7 . |
| i 7 6 5 6 | 7 . 3 | 7 . 3 | 2 . . | 6 7 i 2 | i . 7 | 5 . 2 | 2 i 7 | 3 2 i 7 6 | 2 i 7 6 5 |
| i 7 6 5 4 | 4 . . | 5 . . ‖

All° (M. 120) Ton de Mi

121 (3/5) i 3 5 6 | 5 4 3 5 | 4 3 2 4 | 3 2 i 5 | i 3 5 i | 7 6 7 5 | 5 6 4 | 5 . . | i 3 5 6 |
| 5 4 3 5 | 4 3 2 4 | 3 2 i 5 | i 3 5 i | 7 6 7 5 | 6 5 6 7 | i . . ‖

All° (M. 100) Ton de Ré

122 (2/5) 5 6 5 3 i | 2 3 2 7 5 | i 7 i 2 3 | 4 3 4 5 6 | 7 i 7 6 5 | 5 6 5 3 i | 2 3 2 7 5 |
| i 7 i 2 3 | 4 3 4 5 6 | 7 i 2 7 i ‖

All° (M. 120) Ton d'ut

123 (3/7) i i 2 3 4 | 5 3 i | i 7 6 | 5 . . | 6 5 4 3 2 | i 7 | 2 3 i | 2 . . |
| i i 2 3 4 | 5 3 i | i 7 6 | 2 . . | i 7 6 5 4 3 | 2 3 4 | 5 5 5 | i . . ‖

All° (M. 120) Ton de Ré

124 (2/5) 5 6 7 i | 2 3 2 i | 2 3 4 5 | 6 5 4 3 | i 7 6 7 | 7 6 5 6 | 6 5 4 5 |
| 5 6 7 i | 2 3 2 i | 2 3 4 5 | 6 5 4 3 | i 7 6 7 | 7 6 5 6 | 7 i 2 i | i . . . ‖

All° (M. 100) Ton de Sol

125 (5/5) i 7 i 7 i 3 | 2 5 5 | i 7 i 7 i 3 | 2 5 5 | 2 ♯ 2 ♯ 2 4 | 3 i i | 2 ♯ 2 3 4 2 | 5 . . |
| i 7 i 7 i 3 | 2 5 5 | i 7 i 7 i 3 | 2 6 6 | 2 ♯ 2 ♯ 2 4 | 3 i i | 2 ♯ 2 4 3 2 | i . . ‖

All° (M. 100) Ton de La

126 (5/3) 5 i 7 2 i | 5 3 2 4 3 | 4 3 2 i 7 6 | 5 6 5 4 3 | 5 i 7 2 i | 5 3 2 4 3 | 4 3 2 i 7 6 | 5 i i 7 3 2 | i . . ‖

All° (M. 100) Ton de Si

127 (2/4) 5 6 7 | i 7 6 5 4 | 2 3 4 | 5 6 5 4 3 | i i i | 7 6 7 2 | i i i | 7 5 6 4 5 |
| 5 6 7 | i 7 6 5 4 | 2 3 4 | 5 6 5 4 3 | i i i | i 7 i 2 3 | 2 2 2 | 2 i 7 i 2 3 | i . . ‖

All° (M. 100) Ton d'ut

128 (2/6) i 7 i 2 i | 7 7 7 | 6 5 6 7 5 | 4 4 4 | 3 2 3 4 3 | 2 ♯ 2 3 2 | i 7 i 2 i | 7 6 7 i 2 i |
| 2 ♯ 2 3 4 3 | 4 3 4 5 6 5 | 6 5 6 7 i | 7 6 5 4 5 | i 7 i 2 i | 7 7 7 | 6 5 6 7 5 | 4 4 4 |
| 3 2 3 4 3 | 2 ♯ 2 3 2 | i 7 i 2 i | 4 3 4 5 6 | 5 4 5 6 7 | 6 5 6 7 i | 2 i 7 i 2 7 | i . . ‖

Allᵒ (M 100) Ton D ut.

129 (3/4) ‖ 5 6 7 | i̇ . . | 2̇ i̇ 7 6 5 4 | 3 4 5 | 6 . . | 7 6 5 4 3 2 | i i i |
| 7 . . | 6 5̇ 6 7 i 6 | 2̇ 2̇ 2̇ | i̇ . . | 7 6 7 5 6 ♯ | 5 . . | 5 6 7 i |
| i̇ . . | 2̇ i̇ 7 6 5 4 | 3 4 5 | 6 . . | 7 6 5 4 3 2 | i i i | 2̇ . . | i̇ 7 6 7 i 2̇ |
| 3̇ 3̇ 3̇ | 2̇ . . | i̇ 7 6 5 6 7 | i̇ . . ‖

Allᵒ (M 140, Ton de Mi

130 (6/8) ‖ 5̂6 5 3 | i . 3 | 2̂3 2 7̣ | 5 . 5̣ | 1̂7̣ 1 3 | 2̂1̣ 2 4 | 3̂2 3 6 | 6 . 5 |
| 5̂6 5 3 | i . 3 | 2̂3 2 7̣ | 5 . 5̣ | 1̂7̣ 1 3 | 2̂1̣ 2 4 | 3̂2 3 5 | i . . ‖

Allᵒ (M 108) Ton de Sol.

131 (6/8) ‖ 5̣ i 3 7 i 6̣ | 6̣ . 5 | 1̣ 7̣ 1 ♯ 2 6̣ | 2 . 5 | 5̣ i 3 7 i 6̣ | ♯̣ . 6 | 4 3 2 1 2 7̣ |
| 2 . i ‖

## 2ᵉ Partie. Section C. Airs à 4 temps
### Étude des Coupes précédentes.

Allᵒ(M 132)

132 (5/8) ‖ 0 0 3 2 3 4 | 3 5 3 5 | 3 . 5 5 | 2 1 2 3 4 3 2 | 3 i 3 2 3 4 | 3 5 3 5 | 3 . 5 5 | 2 1 2 3 4 2 | 1 . 1 7̣ |
| 6̣ 5̣ 6 7 | 1 5 1 1 | 7̣ 7̣ 6̣ 6̣ | 5 . 1 7 | 6̣ 5̣ 6 7 | 1 5 1 1 | 7̣ 7̣ 6̣ 6̣ | 5 . 3 2 3 4 ‖ Suivi.

Modᵒ (M 100) Ton de Ré.

133 (i) ‖ 0 0 5 4 3 2 | 1 1 2 1 2 3 | 1 . 1 2 2 3 | 3 . 4 3 4 2 | 3 i 5 4 3 2 | 1 1 2 1 2 3 | 1 . 1 2 2 3 |
| 3 . 4 3 4 2 | 3 1 1 2 | 3 3 2 1 2 | 3 . 3 4 | 5 6 5 5 4 4 3 | 3 2 1 2 | 3 . 3 2 1 2 | 3 . 5 i 7̣ i |
| 6 5 4 3 2 | 3 . 5 i 7̣ i | 6 5 4 3 2 | 1 . 0 0 ‖

Allᵒ (M. 140) Ton de Mi

134 (i/8) ‖ 5 . . . | 6 . . . | 5 i 3 4 | 5 4 3 2 | 1 . 2 i 7̣ i | 2 . 3 2 i 2 | 3 . 3 4 5 3 | 2 . 0 0 | 5 . . . |
| 6 . . . | 7 5 3 6 | 5 ♯ 3 2 | 5 . 6 5 ♯ 5 | 6 . 7 6 5 6 | 7 5 6 ♯ | 5 . 0 0 | 5 . 6 5 4 3 | 4 . 0 0 |
| 4 . 5 4 3 2 | 3 . 0 0 | 1 3 3 5 | 4 3 6 5 | 5 4 4 3 | 3 . 2 0 | 1 . 2 i 7̣ i | 2 . 3 2 i 2 | 3 . 3 4 5 3 |
| 2 . 0 0 | 5 . . . | 6 . 7 . | i 5 6 7 | i . 0 0 | 6̂ . 5̂ . | 4̂ . 3̂ . | 4̂ . 3̂ . | 2̂ . 4̂ . | 3̇ i̇ 2̇ 3̇ 4̇ 5̇ 6̇ 7̇ |
| i̇ 7 6 5 4 3 2 1 | 2 3 4 3 2 i 7̣ 6̣ | 5 . . . | 2 . . . | 1 . 0 0 ‖ Rodolphe

Allᵒ (M 112) Ton de Sol.

135 (6/8) ‖ 0 5 5 5 | 6 6 i 7 7 2̇ | i 0 0 2̇ 3̇ | i̇ 7 6 2̇ 4̇ 2̇ | i 7 5 5 5 | 6 6 i 7 7 2̇ | i i̇ 2̇ 3̇ 3̇ |
| 2̇ 7 i 6 5 6 | 7̇ i̇ 2̇ 3̇ 3̇ 3̇ | 2̇ 7 i 6 5 6 | 5 2̇ 6 7 i̇ 2̇ | 5 . 6 7 i̇ 2̇ | 5 i̇ 2̇ 3̇ 2̇ i̇ | 6 2̇ 3̇ 4̇ 3̇ 2̇ |
| i̇ 7 5 5 5 | 6 6 i 7 7 2̇ | i 0 0 2̇ 3̇ | i̇ 7 6 2̇ 4̇ 2̇ | i 7 5 5 4̇ | 3̇ 5̇ 4̇ 2̇ i̇ 2̇ | 3̇ 5̇ 5̇ 4̇ | 3̇ 5̇ 4̇ 2̇ i̇ 7 | i̇ . 0 0 ‖

*Andᵗᵉ (M.88) Ton de Fa.*

136 (3/8) ‖ 0 0 1 1 | 5 . 4 2 7 | 1 0 3 3 5 | 5 4 2 2 4 | 4 3 1 1 | 2 4 3 5 4 2 | 1 0 0 0 ‖

*Modᵒ (M.100) Ton de Si*

137 (#) ‖ 3 . 3 3 | 5 . . 5 | 6 6 6 6 | 1 . 5 . | 1 . 3 1 | 5 . 1 5 | 3 3 6 4 | 2 . 0 0 | 3 . 3 3 | 5 . . 5 |
| 6 4 3 2 1 7 6 | 5 4 3 . | 3 . 2 1 | 7 6 5 4 | 3 2 5 4 | 4 . 3 . | 3 . 2 1 | 7 6 1 6 | 5 3 4 2 | 1 . 0 0 |
| 2 . . 7 | 1 . 0 0 | 2 . . 7 | 1 . 0 0 ‖  *(pp)*

*Modᵒ (M.100) Ton de Ré*

138 (3/8) ‖ 5 6 7 1 1 | 2 4 3 2 1 . | 2 3 #5 5 | 6 1 7 6 5 . | 6 3 4 5 | 6 5 4 3 2 . | 5 2 3 4 |
| 5 4 3 2 1 . | 5 6 7 1 1 | 2 4 3 2 1 . | 2 3 #5 5 | 6 1 7 6 5 . | 1 5 6 1 | 7 6 5 4 3 . |
| 6 3 4 6 | 5 1 7 2 1 . ‖

*Allᵒ (M.112) Ton de Sol.*

139 (3/8) ‖ 1 1 1 7 1 2 | 3 3 3 2 3 4 | 5 3 1 5 | 1 3 2 . | 5 6 7 1 2 2 | 7 1 2 3 4 4 | 3 5 1 1 | 7 1 2 3 1 . ‖

*Andᵗᵉ (M.96) Ton de Meu.*

140 (3/8) ‖ 1 7 1 2 3 2 1 3 | 2 1 7 1 2 3 4 2 | 3 4 3 2 1 2 3 1 | 2 . . . | 7 6 5 6 7 5 6 7 | 1 7 6 7 1 6 7 1 |
| 2 1 7 2 1 7 1 6 | 5 . . . | 2 3 2 1 7 1 7 6 | 5 6 5 4 3 . | 1 7 1 2 3 2 1 3 | 2 1 7 1 2 3 4 2 |
| 3 5 4 3 2 1 2 7 | 1 . . . ‖  *Rodolphe.*

*Modᵒ (M.100) Ton de Ré.*

141 (2/4) ‖ 0 0 0 1 | 3 1 3 1 5 5 | 5 3 5 3 1 7 | 6 5 4 3 | 3 . 2 2 | 5 2 5 7 2 1 7 6 | 5 4 3 2 3 6 | 5 1 7 2 | 1 . 0 0 ‖

*Modᵒ (M.100) Ton de Sol.*

142 (2/4) ‖ 5 5 | 4 4 4 3 4 5 | 4 3 2 1 2 3 | 1 5 2 1 2 3 | 1 5 5 5 | 4 4 4 3 4 5 | 4 3 2 1 2 3 | 1 3 5 4 3 2 |
| 1 . 5 6 7 | 1 3 5 6 7 | 1 . 1 3 5 3 | 1 5 1 3 5 3 | 1 5 5 7 1 | 2 2 5 7 1 | 2 . 4 3 4 2 | 3 4 5 4 3 2 | 1 . ‖

*Allᵒ (M.116) Ton de Sol.*

143 (6/8) ‖ 1 5 | 1 7 1 2 3 2 | 4 3 2 1 7 6 | 5 6 7 1 2 5 6 #4 | 5 . 3 4 | 5 4 3 2 3 5 | 2 3 4 3 2 1 |
| 2 5 1 7 1 2 3 4 | 5 . 6 5 4 | 3 5 4 2 1 7 | 1 . . 0 ‖

## 3ᵉ Partie. — Section A. — Airs à 2 temps.

Etude de la Coupe ⟨à 5 ...⟩ et des précédentes

*Allᵒ (M.120) Ton de Fa.*   FIN

144 (6/8) ‖ 0 3 | 7 1 2 7 | 1 2 5 1 | 7 1 2 7 | 1 3 3 | 6 5 4 3 | 2 3 4 | 3 2 1 7 | 6 ‖ 6 6 |
| 7 1 2 7 | 1 3 6 6 | 7 1 2 7 | 1 6 1 3 | 2 1 7 6 | 3 3 4 | 5 5 4 3 | 2 2 2 3 | 4 4 3 2 |
| 1 1 1 2 | 3 5 2 1 | 7 . ‖  *Grétry*

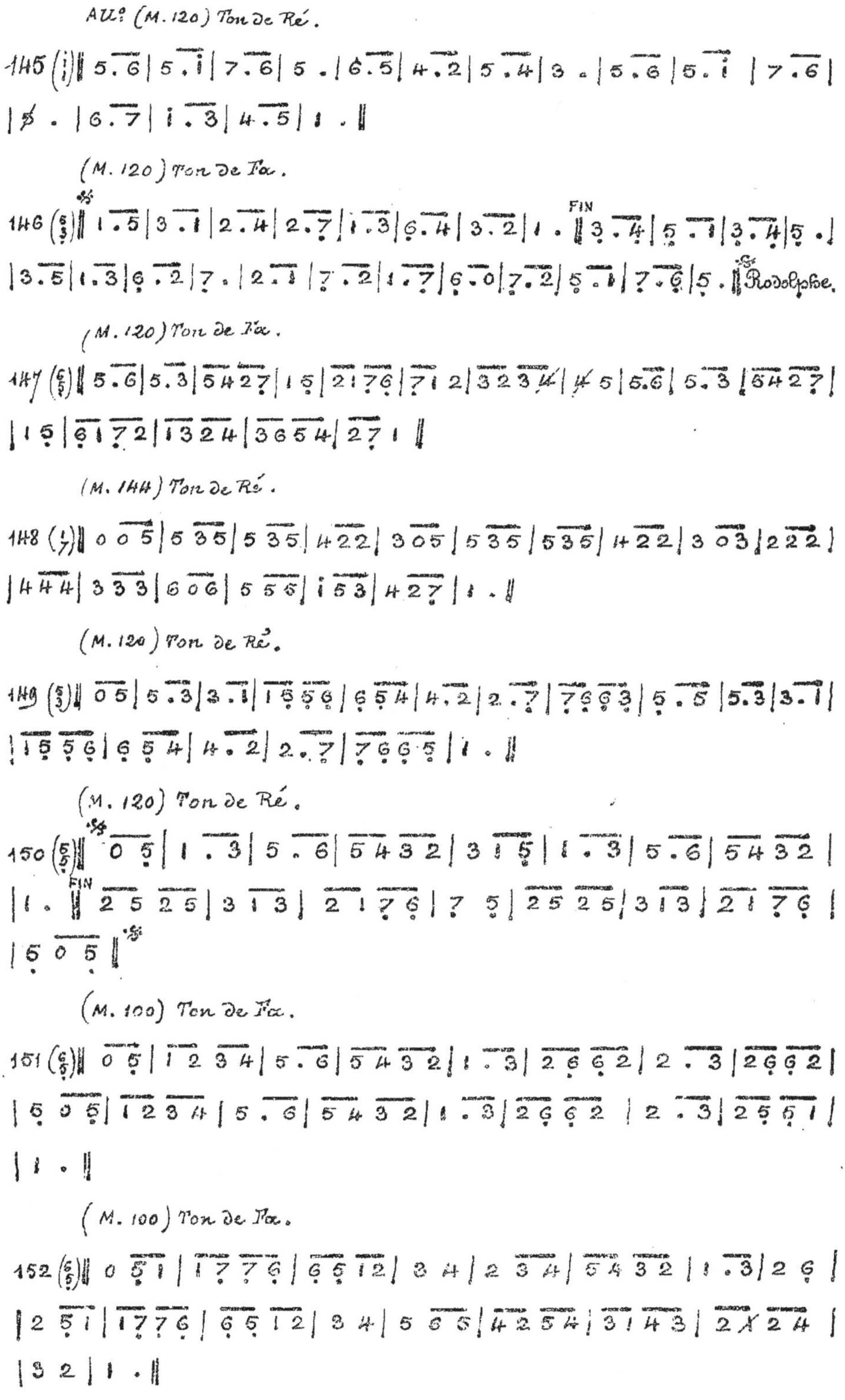

*AU.e (M. 120) Ton de Ré.*

145 (i) ‖ 5.6 | 5.1 | 7.6 | 5. | 6.5 | 4.2 | 5.4 | 3. | 5.6 | 5.1 | 7.6 |
| 5. | 6.7 | 1.3 | 4.5 | 1. ‖

*(M. 120) Ton de Fa.*

146 (6/8) ‖ 1.5 | 3.1 | 2.4 | 2.7 | 1.3 | 6.4 | 3.2 | 1. ‖ 3.4 | 5.1 | 3.4 | 5. |
| 3.5 | 1.3 | 6.2 | 7. | 2.1 | 7.2 | 1.7 | 6.0 | 7.2 | 5.1 | 7.6 | 5. ‖ Rodolphe.

*(M. 120) Ton de Fa.*

147 (6/8) ‖ 5.6 | 5.3 | 5427 | 15 | 2176 | 71 | 2 | 3234 | 5 | 5.6 | 5.3 | 5427 |
| 15 | 6172 | 1324 | 3654 | 271 ‖

*(M. 144) Ton de Ré.*

148 (2/4) ‖ 0 0 5 | 5 35 | 5 35 | 422 | 305 | 535 | 535 | 422 | 303 | 222 |
| 444 | 333 | 606 | 555 | 153 | 427 | 1. ‖

*(M. 120) Ton de Ré.*

149 (6/8) ‖ 05 | 5.3 | 3.1 | 1556 | 654 | 4.2 | 2.7 | 7663 | 5.5 | 5.3 | 3.1 |
| 1556 | 654 | 4.2 | 2.7 | 7665 | 1. ‖

*(M. 120) Ton de Ré.*

150 (6/8) ‖ 05 | 1.3 | 5.6 | 5432 | 315 | 1.3 | 5.6 | 5432 |
| 1. ‖ 25 25 | 313 | 2176 | 7 5 | 25 25 | 313 | 2176 |
| 5 05 ‖

*(M. 100) Ton de Fa.*

151 (6/8) ‖ 05 | 1234 | 5.6 | 5432 | 1.3 | 2662 | 2.3 | 2662 |
| 5 05 | 1234 | 5.6 | 5432 | 1.3 | 2662 | 2.3 | 2665 |
| 1. ‖

*(M. 100) Ton de Fa.*

152 (6/8) ‖ 051 | 1776 | 6512 | 34 | 234 | 5432 | 1.3 | 26 |
| 251 | 1776 | 6512 | 34 | 565 | 4254 | 3143 | 2124 |
| 32 | 1. ‖

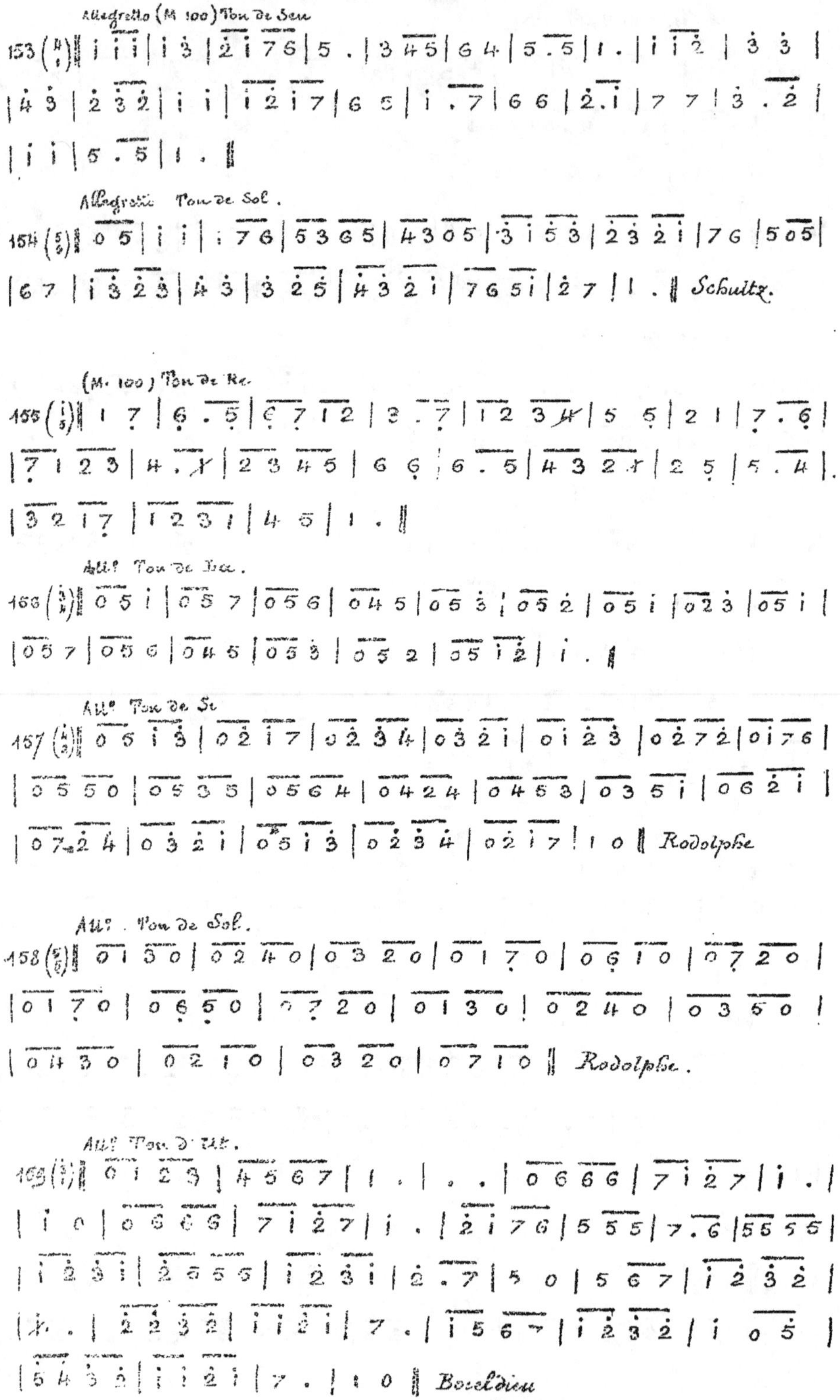

**153** (4/4) Allegretto (M. 100) Ton de Seu

**154** (5/8) Allegretto Ton de Sol. ... *Schultz.*

**155** (6/8) (M. 100) Ton de Re.

**156** (3/4) Allᵗᵒ Ton de Fa.

**157** (6/8) Allᵗᵒ Ton de Si

... *Rodolphe*

**158** (6/8) Allᵗᵒ Ton de Sol.

... *Rodolphe.*

**159** (6/8) Allᵗᵒ Ton d'Ut.

... *Boïeldieu*

Vivace (M 180) Ton de Meu.

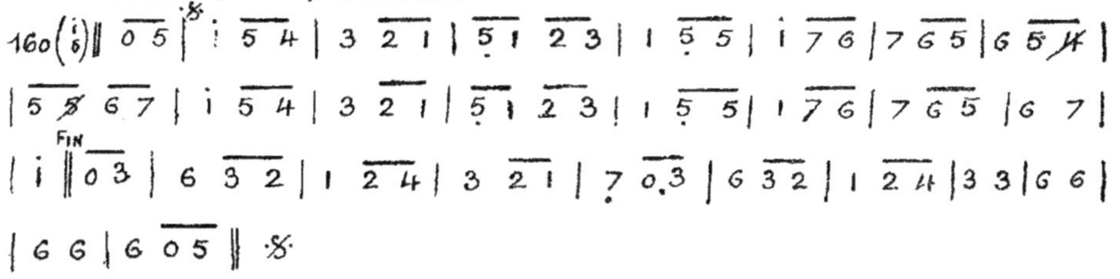

160 | 0 5 | 5 4 | 3 2 1 | 5 1 2 3 | 1 5 5 | 1 7 6 | 7 6 5 | 6 5 4 |
| 5 5 6 7 | 1 5 4 | 3 2 1 | 5 1 2 3 | 1 5 5 | 1 7 6 | 7 6 5 | 6 7 |
FIN
| 1 | 0 3 | 6 3 2 | 1 2 4 | 3 2 1 | 7 0 3 | 6 3 2 | 1 2 4 | 3 3 | 6 6 |
| 6 6 | 6 0 5 |

Allo Ton de Fé.

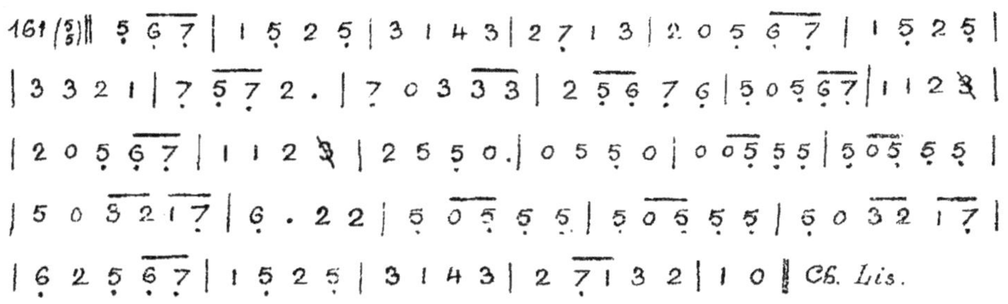

161 | 5 6 7 | 1 5 2 5 | 3 1 4 3 | 2 7 1 3 | 2 0 5 6 7 | 1 5 2 5 |
| 3 3 2 1 | 7 5 7 2 . | 7 0 3 3 | 2 5 6 7 6 | 5 0 5 6 7 | 1 1 2 3 |
| 2 0 5 6 7 | 1 1 2 3 | 2 5 5 0 . | 0 5 5 0 | 0 0 5 5 5 | 5 0 5 5 5 |
| 5 0 3 2 1 7 | 6 . 2 2 | 5 0 5 5 5 | 5 0 5 5 5 | 5 0 3 2 1 7 |
| 6 2 5 6 7 | 1 5 2 5 | 3 1 4 3 | 2 7 1 3 2 | 1 0 ‖ Ch. Lis.

Moderato. Ton de Mi.

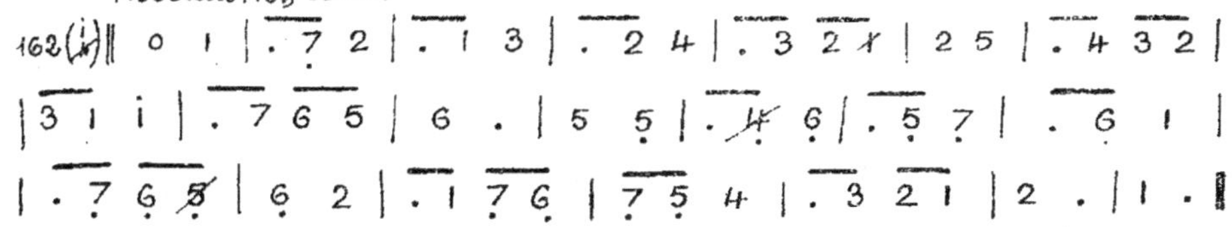

162 | 0 1 | . 7 2 | . 1 3 | . 2 4 | . 3 2 4 | 2 5 | . 4 3 2 |
| 3 1 1 | . 7 6 5 | 6 . | 5 5 | . 4 6 | . 5 7 | . 6 1 |
| . 7 6 5 | 6 2 | . 1 7 6 | 7 5 4 | . 3 2 1 | 2 . | 1 . ‖

Moderato. Ton de Fa.

163 | 1 1 | . 7 6 5 | ' 2 2 | . 1 7 6 | ' 4 4 | . 6 2 4 |
| ' 3 3 | . 5 1 3 | 2 4 6 1 | 7 2 5 | ' 1 1 | . 7 6 5 | ' 2 2 |
| . 1 7 6 | 3 ' 3 | . 2 1 7 | 4 6 2 4 | 3 5 1 3 | 2 4 7 2 |
| 1 . ‖

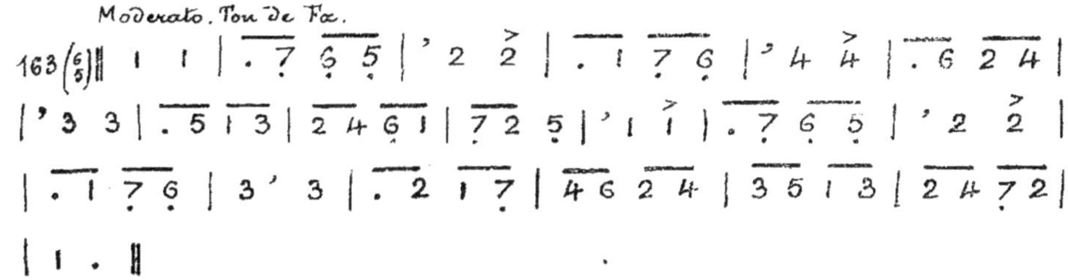

Moderato. Ton d'Ut.

164 | 1 1 | . 7 6 | 5 6 | . 5 4 3 | 4 3 2 1 | 2 2 | . 1 7 6 | 7 6 5 4 |
| 5 4 | 3 2 | 1 1 | . 7 6 | 5 6 | 2 2 | . 1 7 | 6 7 | 3 3 | . 2 1 7 |
| 6 5 4 3 | 4 2 3 4 | 5 . | 1 . ‖

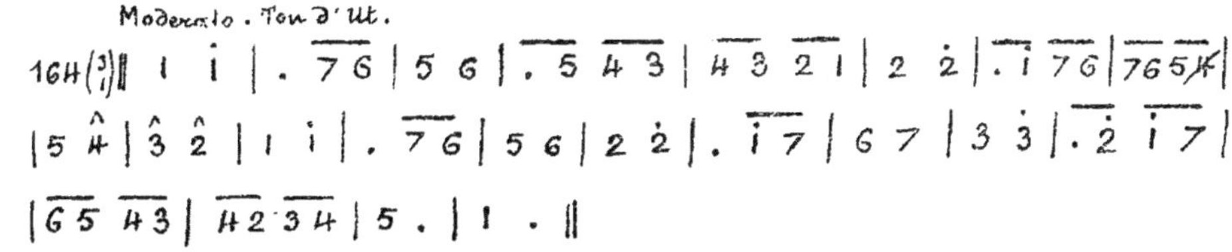

# Section B.. Airs à 3 temps.

### Étude des Coupes précédentes.

All.º (M. 120) Ton De Mi.

165 (6/8) ‖ 5 . 3 5 | 4 . 2 4 | 3 . 1 3 | 2 . . | 5 . 3 5 | 4 . 2 4 | 3 . 1 3 |
| 5 . . | 6 . 5 4 | 5 . 4 3 | 4 . 3 2 | 5 . . | 6 . 5 4 | 5 . 4 3 | 4 . 3 2 |
| 1 . . ‖

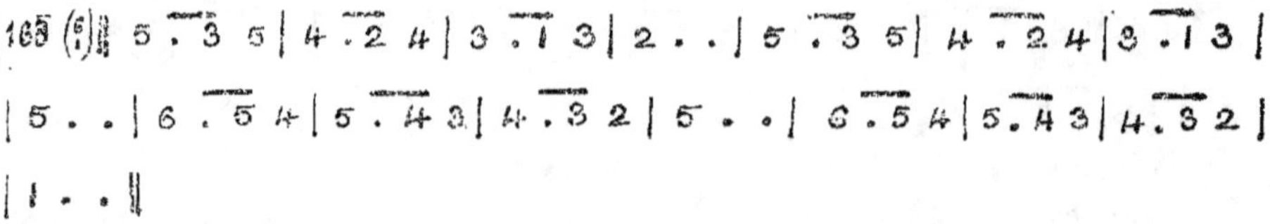

(M. 120) Ton de Si

166 (3/4) ‖ i 0 5 i | 7 0 5 7 | 6 0 4 6 | 5 . 3 | i 0 5 i | 7 0 5 7 | 6 0 4 2 5 | i . . |
| i . 7 6 3 | 3 . 7 | 7 . 6 5 2 | 2 . 6 | 6 . 5 ♯i | 7 6 | 5 . . ‖

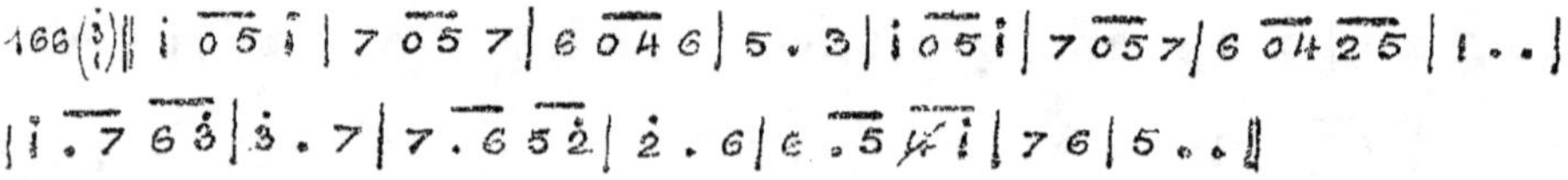

(M. 120) Ton de La.

167 (4/3) ‖ 3 4 | 5 . i 7 6 | 5 3 6 3 | 2 . 5 2 | i . 3 4 | 5 . i 7 6 | 5 3 6 3 | 2 . 5 2 |
| i . i 7 | 6 . 6 7 i | 2 7 i 7 | 6 . i 7 6 | 5 . 5 4 | 3 . 5 6 7 | i 5 5 i | 3 . 4 2 3 |
| i . 5 3 | 2 . 5 2 | i . 5 i | 3 . 4 2 3 | i . . ‖

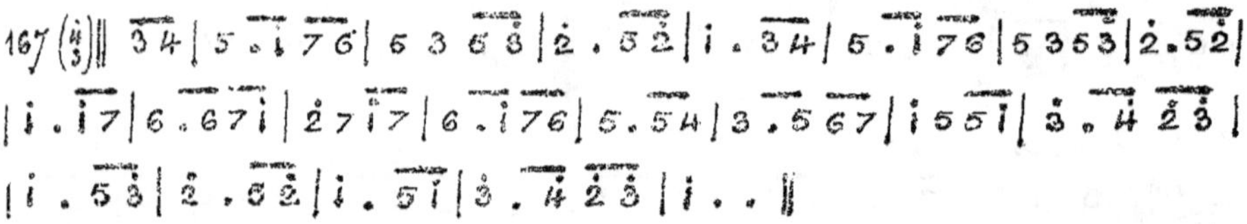

(M. 100) Ton de Si.

168 (3/4) ‖ 5 . 6 7 i | 5 . 6 7 i | 7 . 6 4 6 | 6 . 5 | 4 . 5 6 7 | 4 . 5 6 7 | 3 . 2 1 3 |
| 2 . 5 | 5 . 6 7 i | 5 . 6 7 i | 2 . 3 2 i | i . 7 | 3 . 2 i 7 | 2 . i 7 6 |
| 5 ♯5 ♯6 7 | i . . ‖ FIN | 7 . i 6 i | 7 . 3 ♯3 | 7 . i 6 i | 7 . 3 | 6 . 7 5 7 |
| 6 . 2 ♯2 | 6 . 7 6 7 | 5 . . ‖

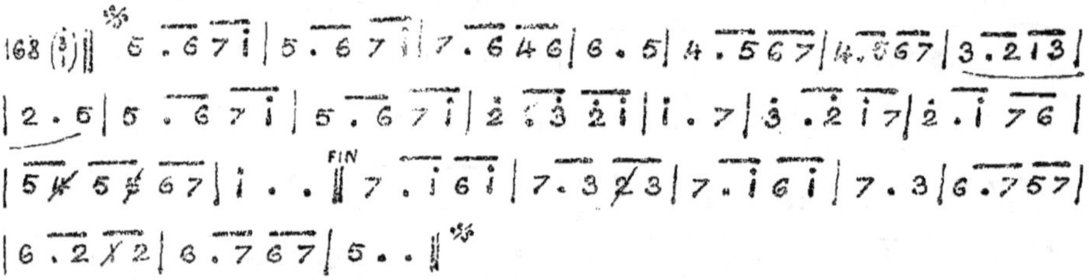

(M. 100) Ton De Ré.

169 (1/5) ‖ i 5 i . 3 | 5 3 i . 3 | 2 6 2 . i | 7 6 7 5 | i 5 i . 3 |
| 5 3 i . 3 | 2 6 2 . i | 7 5 i . ‖ FIN 3 7 3 . ♯4 | 5 ♯4 3 . 5 | ♯4 3 ♯4 . 6 |
| 5 ♯4 5 3 | 6 2 5 . 6 | 7 6 6 . i | 7 6 7 . 5 | 6 ♯4 5 . ‖

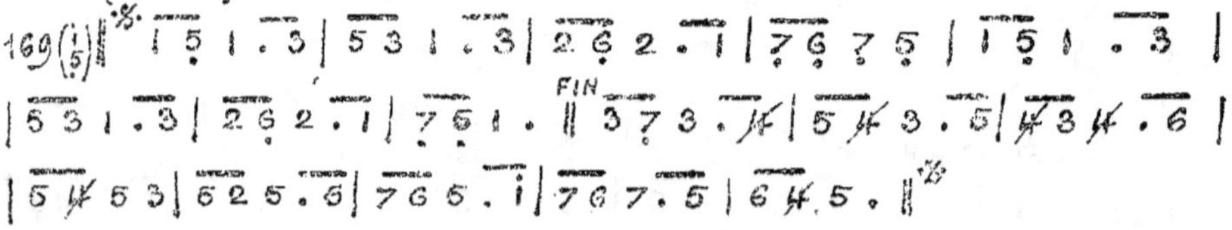

(M. 100) Ton de Meu.

170 (3/4) ‖ i . 2 3 4 | 7 6 . | 7 . i 2 3 | 6 5 . | i . 2 3 4 | 6 5 . |
| 2 . 3 5 2 | 3 . i | 3 . 5 ♯4 5 | 3 7 . | i . 7 6 i | 7 3 . | 3 . 5 ♯4 5 |
| 3 7 . | 6 . 7 i 2 | 6 . 5 | i . 2 3 4 | 7 6 . | 7 . i 2 3 | 6 5 . |
| i . 2 3 4 | 6 5 . | 2 . 3 ♯4 ♯5 | 2 i . ‖

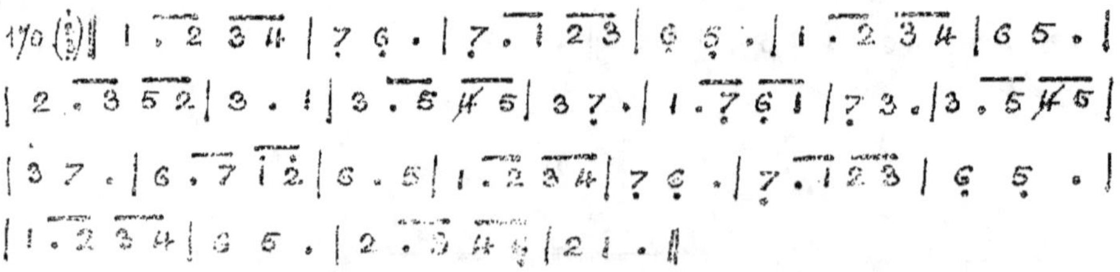

Andᵗᵉ (M. 90) Ton de Seu.

171 (5/7) ‖ 3 | 3.25 | 7.1 | 21 23 42 | 313 | 3.25 | 7.1 | 21 23 42 | 1.5 |
| 6.567 | 151 | 17654 | 315 | 6.567 | 151 | 17654 | 3.1 | 3.42 |
| 1 505 | 654 | 311 | 3.42 | 1 505 | 432 | 1. ‖ (Rameau).

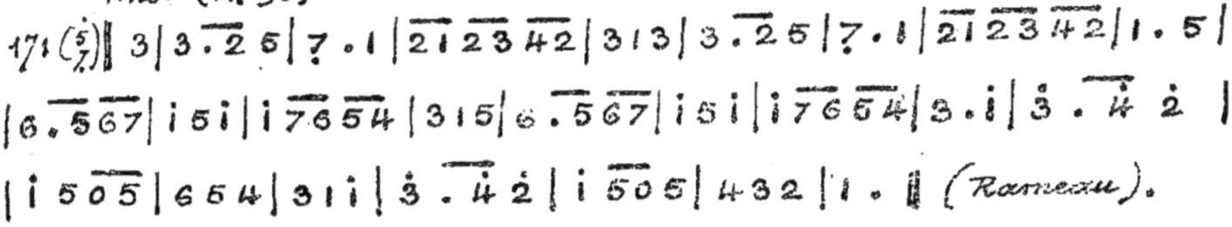

Allᵒ (M. 120) Ton d'Ut.

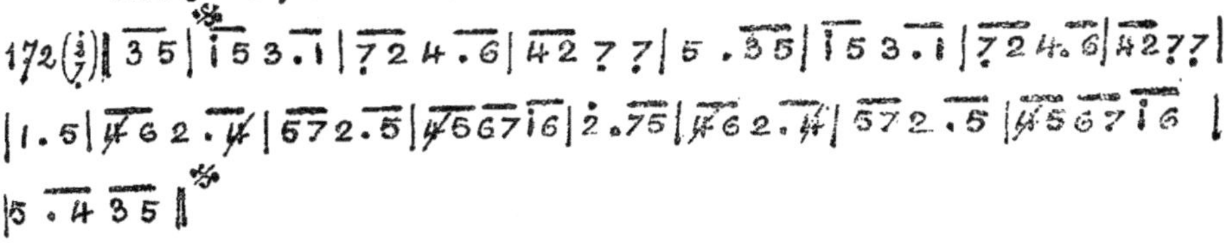

172 (3/7) ‖ 35 | 153.1 | 724.6 | 4277 | 5.35 | 153.1 | 724.6 | 4277 |
| 1.5 | 762.4 | 572.5 | 56716 | 2.75 | 762.4 | 572.5 | 56716 |
| 5.435 ‖

Allᵒ (M. 120) Ton de Fa.

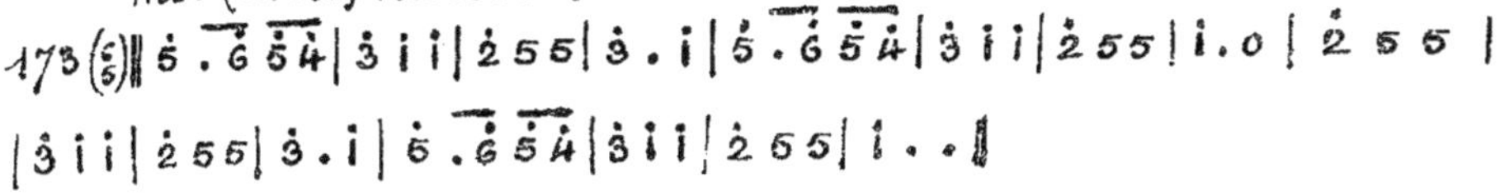

173 (6/6) ‖ 5.654 | 311 | 255 | 3.1 | 5.654 | 311 | 255 | 1.0 | 255 |
| 311 | 255 | 3.1 | 5.654 | 311 | 255 | 1.. ‖

Andantino (M. 88) Ton de Fa.

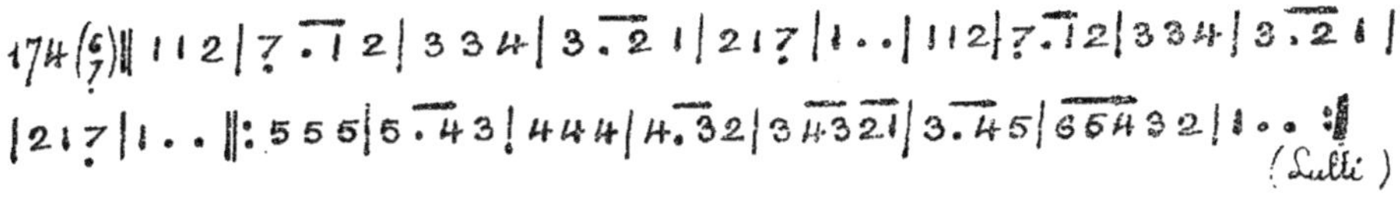

174 (6/7) ‖ 112 | 7.12 | 334 | 3.21 | 217 | 1.. | 112 | 7.12 | 334 | 3.21 |
| 217 | 1.. ‖: 555 | 5.43 | 444 | 4.32 | 34321 | 3.45 | 65432 | 1.. :‖
(Lulli)

Allᵒ (M. 120) Ton de Fa.

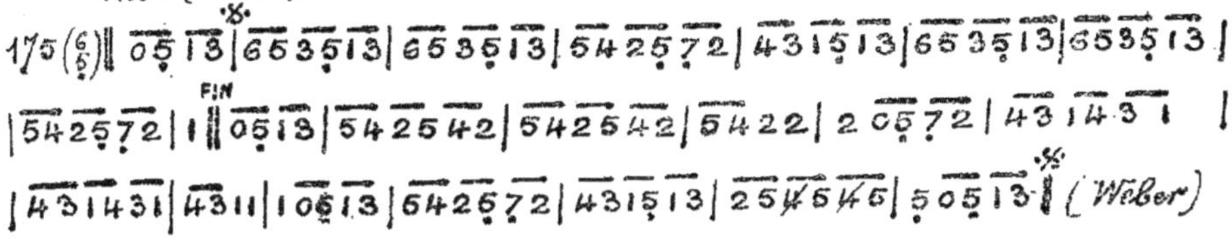

175 (6/6) ‖ 0513 | 653513 | 653513 | 542572 | 431513 | 653513 | 653513 |
| 542572 | ‖ 0513 | 542542 | 542542 | 5422 | 20572 | 43143 |
| 43143 | 431 | 0513 | 542572 | 431513 | 256546 | 50513 ‖ (Weber)

Allᵒ (M. 120)

176 (6/6) | 0 01 11 | 15333 | 310 | 427 | 10111 | 15333 | 310 | 427 | 100 | 432 |
| 710 | 432 | 710 | 113 | 110 | 11.7 | 220 | 113 | 110 | 11.7 | 225555 | 66666 |
| 77 11 22 | 343 | 30 55 | 66 66 | 77 11 22 | 343 | 555 |
| 310 | 555 | 310 | 555 | 3 11 22 | 3 11 22 | 3 11 22 | 32 32 32 |
| 31 67 12 | 37 1234 | 5531 | 640 | 34 555 | 3 11 22 | 3 11 22 |
| 3 11 22 | 32 32 32 | 31 67 12 | 37 1234 | 531 | 640 |
| 342 | 11.1 | 3101 | 510 | 432 | 10111 | 31111 |
| 510 | 432 | 10 222 | 30 222 | 30 655 | 100 ‖

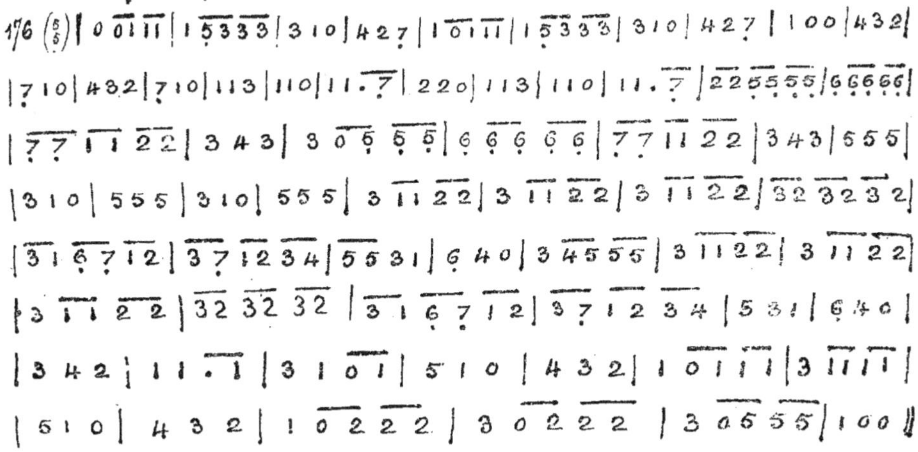

(Mozart).

(M. 100) Ton de Sol.

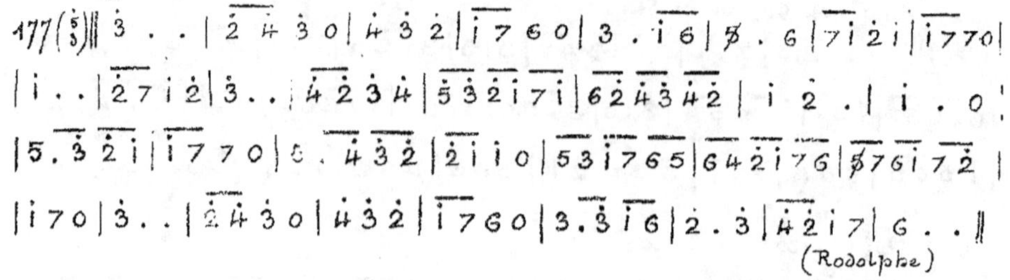

177 (⁵⁄₃)‖ 3 . . | 2̇ 4̄ 3 0 | 4̄ 3 2 | 1̄7̄6 0 | 3 . 1̇6 | 5̇ . 6 | 7̄1̇2̇ | 1̄7̄7 0 |
| 1̇ . . | 2̄7̇2̇ | 3 . . | 4̄2̇3̄4 | 5̄5̇3̇2̇1̇7̇1̇ | 6̄2̇4̇3̄4̇2̇ | 1̇ 2̇ . | 1̇ . 0 |
| 5̇ . 3̇2̇1̇ | 1̄7̄7 0 | 5̇ . 4̄3̇2̇ | 2̇1̇1 0 | 5̄3̇1̇7̄6̇5̇ | 6̄4̇2̇1̇7̄6 | 5̇7̄6̇1̇7̄2̇ |
| 1̇7 0 | 3 . . | 2̇4̄3 0 | 4̄3 2 | 1̄7̄6 0 | 3 . 3̇1̇6 | 2 . 3̇ | 4̄2̇1̇7 | 6 . . ‖
(Rodolphe)

Allᵒ (M. 120) Ton de Sol.

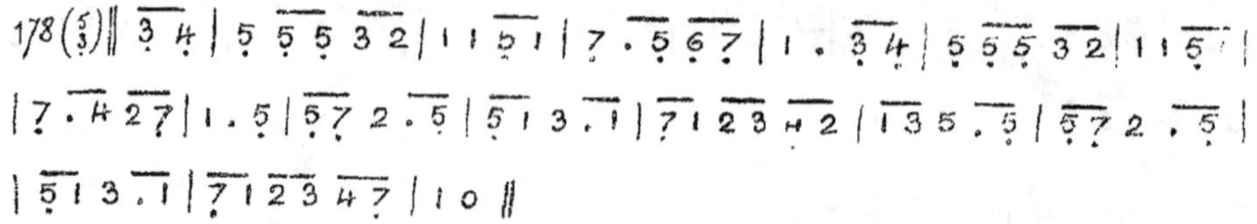

178 (⁵⁄₃)‖ 3̇ 4̄ | 5̇ 5̇5̇ 5̇ 3 2 | 1 1 5̇ 1 | 7 . 5̇6̇7 | 1 . 3̄4 | 5̇ 5̇5̇ 5̇ 3 2 | 1 1 5̇ 1 |
| 7 . 4̄2̇7 | 1 . 5̇ | 5̇7̄2̇ . 5̇ | 5̇1̇3 . 1̇ | 7̄1̇2̇3̄4̄2 | 1̇3̇5 . 5̇ | 5̇7̄2̇ . 5̇ |
| 5̇1̇3 . 1̇ | 7̄1̇2̇3̄4̄7 | 1 0 ‖

Andante . Ton de Ré.

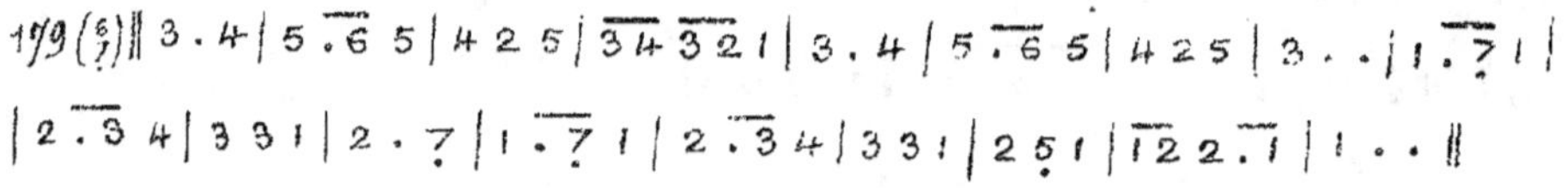

179 (⁶⁄₇)‖ 3 . 4 | 5 . 6̄5 | 4 2 5 | 3̄4̄3̄2 1 | 3 . 4 | 5 . 6̄5 | 4 2 5 | 3 . . | 1 . 7̇1 |
| 2 . 3̄4 | 3 3 1 | 2 . 7̇ | 1 . 7̇1 | 2 . 3̄4 | 3 3 1 | 2 5 1 | 1̄2̇2 . 1̇ | 1 . . ‖

---

## Section G
### Airs à 4 temps.
Étude des Coupes précédentes

---

Andante  Ton de Sol

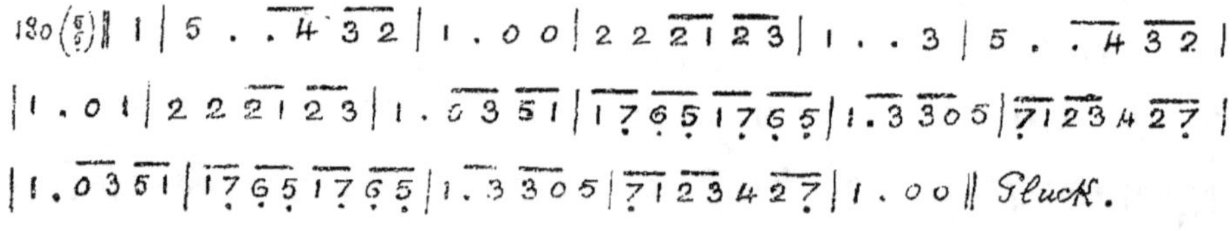

180 (⁶⁄₉)‖ 1 | 5 . . 4̄ 3̄2 | 1 . 0 0 | 2 2 2̄1 2̄3 | 1 . . 3 | 5 . . 4̄ 3̄2 |
| 1 . 0 1 | 2 2 2̄1 2̄3 | 1 . 5̄3 5̄1 | 1̄7̄6̄5̄1̄7̄6̄5̄ | 1 . 3 3 0 5 | 7̄1̇2̄3̄4̄2̄7̄ |
| 1 . 5̄3 5̄1 | 1̄7̄6̄5̄1̄7̄6̄5̄ | 1 . 3 3 0 5 | 7̄1̇2̄3̄4̄2̄7̄ | 1 . 0 0 ‖ Gluck.

Allᵒ Ton d'Ut

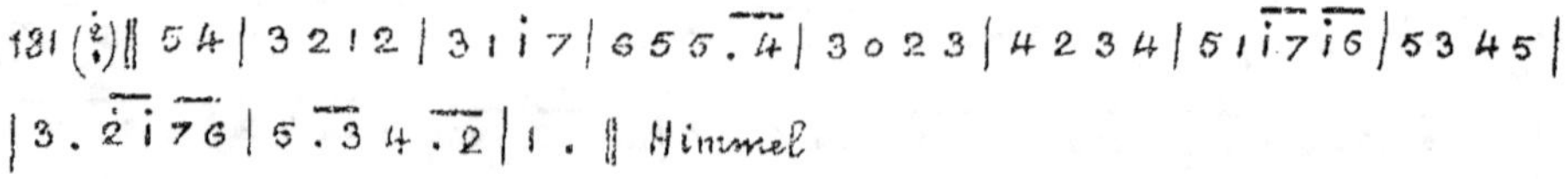

181 (²⁄₄)‖ 5̄4 | 3 2 1 2 | 3 1 1 7 | 6 5 5̄ . 4̄ | 3 0 2 3 | 4̄ 2 3̄4 | 5̄1̄1̄7̄1̄6 | 5 3 4 5 |
| 3 . 2̇1̇7̄6 | 5 . 3̄ 4̄ . 2̇ | 1 . ‖ Himmel

Allᵒ Ton de Ré.

182 (³⁄₄)‖ 1 . . | 5 . . | 6 5 4 | 3 2 1 | 3 . 5 | 2 . 7̇ | 1̇7̇6 | 5 . 0 | 5 . 3̄ 6 5 |
| 5̄ 4̄ ♯4̄ 0 | 4 . 2̇5 4̄ | 4̄3̄3 0 | 1 3 5 . 3̄ | 6 4̇ 1̇ 6 | 5̄4̇3̇2̇ | 3 . . |
| 0 1̄ 3 5̄3̇1̇ | 0 4̄6̇1̇6̄4̇ | 5̄4̇3̇2̇ | 1 . . ‖ Rodolphe.

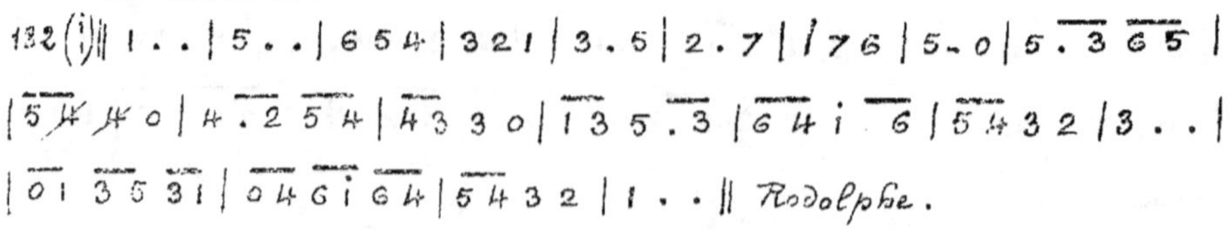

Andᵗᵉ Ton de Sol.

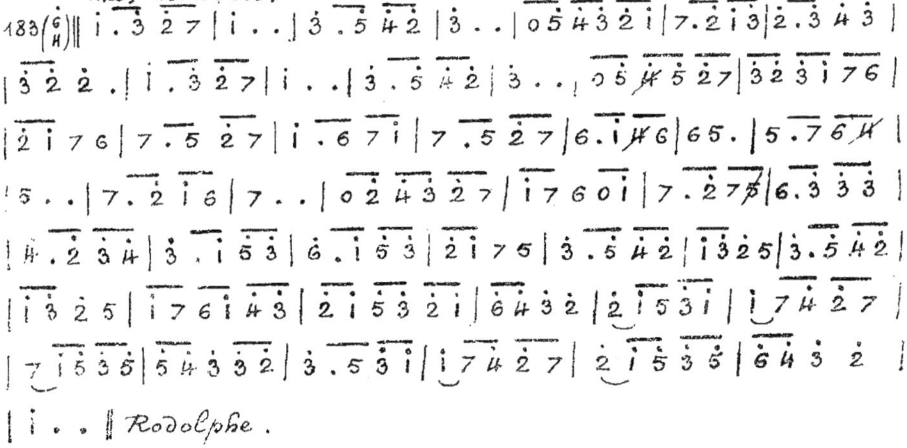

183 (⁶₄)‖ i . 3 2̇ 7 | i . . | 3 . 5 4̇ 2̇ | 3 . . | 0 5 4̇ 3̇ 2̇ i | 7 . 2̇ i 3̇ | 2̇ . 3̇ 4̇ 3̇ |
| 3̇ 2̇ 2̇ . | i . 3̇ 2̇ 7 | i . . | 3 . 5 4̇ 2̇ | 3 . . | 0 5 4̇ 5̇ 2̇ 7 | 3̇ 2̇ 3̇ i 7 6 |
| 2̇ i 7 6 | 7 . 5 2̇ 7 | i . 6 7 i | 7 . 5 2̇ 7 | 6 . i 4̇ 6 | 6 5 . | 5 . 7 6 4̇ |
| 5 . . | 7 . 2̇ i 6 | 7 . . | 0 2̇ 4̇ 3̇ 2̇ 7 | i 7 6 0 i | 7 . 2̇ 7 5̇ | 6 . 3̇ 3̇ 3̇ |
| 4̇ . 2̇ 3̇ 4̇ | 3̇ . i 5̇ 3̇ | 6 . i 5̇ 3̇ | 2̇ i 7 5 | 3̇ . 5̇ 4̇ 2̇ | i 3̇ 2̇ 5 | 3̇ . 5̇ 4̇ 2̇ |
| i 3̇ 2̇ 5 | i 7 6 i 4̇ 3̇ | 2̇ i 5̇ 3̇ 2̇ i | 6̇ 4̇ 3̇ 2̇ | 2̇ i 5̇ 3̇ i | i 7 4̇ 2̇ 7 |
| 7 i 5̇ 3̇ 5̇ | 5̇ 4̇ 3̇ 3̇ 2̇ | 3 . 5̇ 3̇ i | i 7 4̇ 2̇ 7 | 2̇ i 5̇ 3̇ 5̇ | 6̇ 4̇ 3̇ 2̇ |
| i . . ‖ *Rodolphe.*

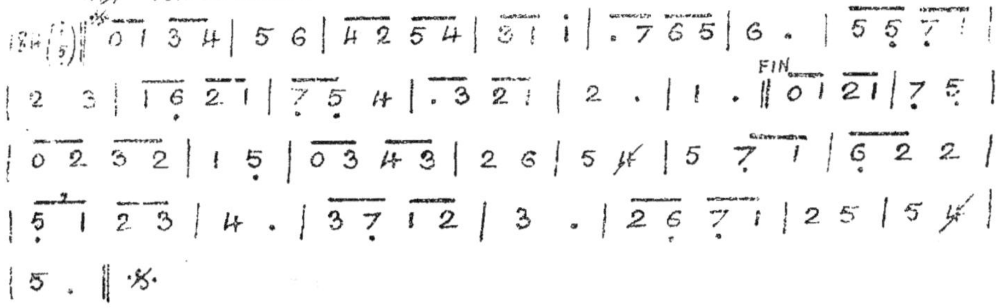

4ᵛ.ᵉ Ton de Meu.

184 (⁶₈)‖ 0 i 3 4 | 5 6 | 4 2 5 4 | 3 i i | . 7 6 5 | 6 . | 5 5 7 |
| 2 3 | i 6 2 i | 7 5 4 | . 3 2 i | 2 . | i . ‖ 0 i 2 i | 7 5 |
| 0 2 3 2 | i 5 | 0 3 4 3 | 2 6 | 5 4̇ | 5 7 i | 6 2 2 |
| 5 i | 2 3 | 4 . | 3 7 i 2 | 3 . | 2 6 7 i | 2 5 | 5 4̇ |
| 5 . ‖ ·𝄋·

Allᵒ Ton de Sol.

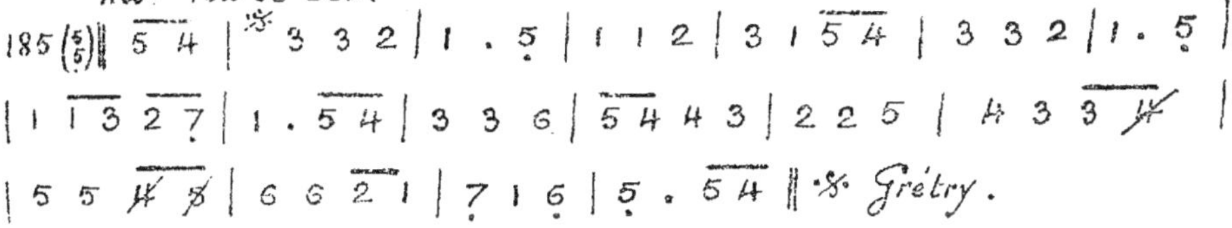

185 (⁵₅)‖ 5 4 | 3 3 2 | 1 . 5 | i i 2 | 3 i 5 4 | 3 3 2 | 1 . 5 |
| i i 3 2 7 | 1 . 5 4 | 3 3 6 | 5 4 3 | 2 2 5 | 4̇ 3 3 4̇ |
| 5 5 4̇ 5̇ | 6 6 2 i | 7 i 6 | 5 . 5 4 ‖ ·𝄋· *Grétry.*

Allégro Ton de Fé.

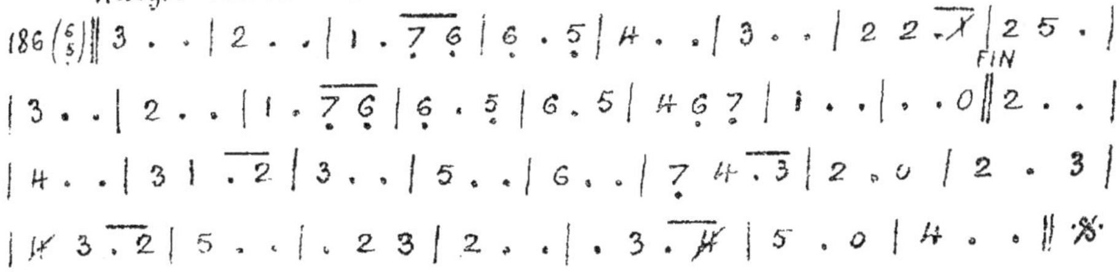

186 (⁶₅)‖ 3 . . | 2 . . | 1 . 7 6 | 6 . 5 | 4 . . | 3 . . | 2 2 4̇ | 2 5 . |
| 3 . . | 2 . . | 1 . 7 6 | 6 . 5 | 6 . 5 | 4 6 7 | i . . | . . 0 ‖ 2 . . |
| 4 . . | 3 i 2̇ | 3 . . | 5 . . | 6 . . | 7 4 3̇ | 2 . 0 | 2 . 3 |
| 4̇ 3 2̇ | 5 . . | . 2 3 | 2 . . | . 3 4̇ | 5 . 0 | 4 . . ‖ 𝄋

(De la Tour)

# 4.e Partie.

### Division ternaire, Section A, Airs à 2 temps.

Étude de la Coupe { 555 } &c. des Coupes précédentes

(M. 100) Ton de Sol.

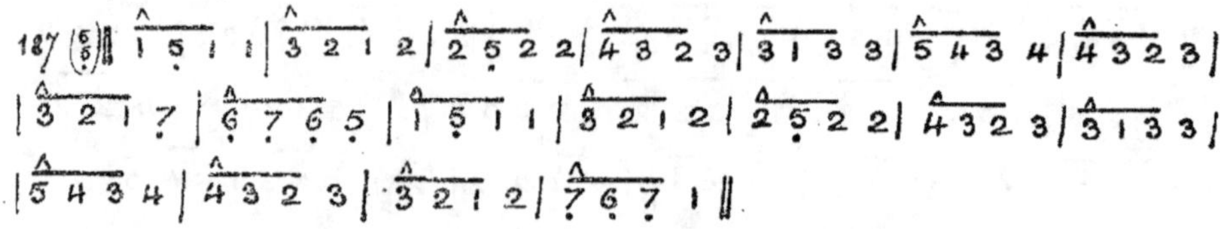

187 (5/8)‖ 1 5 1 1 | 3 2 1 2 | 2 5 2 2 | 4 3 2 3 | 3 1 3 3 | 5 4 3 4 | 4 3 2 3 |
| 3 2 1 7 | 6 7 6 5 | 1 5 1 1 | 3 2 1 2 | 2 5 2 2 | 4 3 2 3 | 3 1 3 3 |
| 5 4 3 4 | 4 3 2 3 | 3 2 1 2 | 7 6 7 1 ‖

Allo. (M. 108) Ton de Mi.

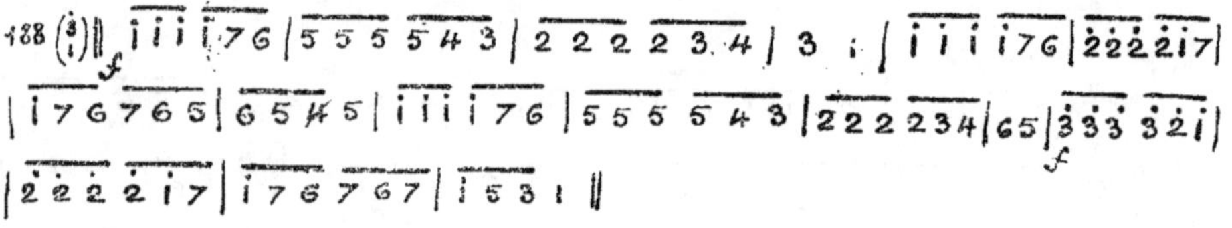

188 (3/8)‖ f  1 1 1 1 7 6 | 5 5 5 5 4 3 | 2 2 2 2 3 4 | 3 ; | 1 1 1 1 7 6 | 2 2 2 2 1 7 |
| 1 7 6 7 6 5 | 6 5 #4 5 | 1 1 1 1 7 6 | 5 5 5 5 4 3 | 2 2 2 2 3 4 | 6 5 | 3 3 3 3 2 1 |
| 2 2 2 2 1 7 | 1 7 6 7 6 7 | 1 5 3 1 ‖

Allo. (M. 100) Ton de Ré.

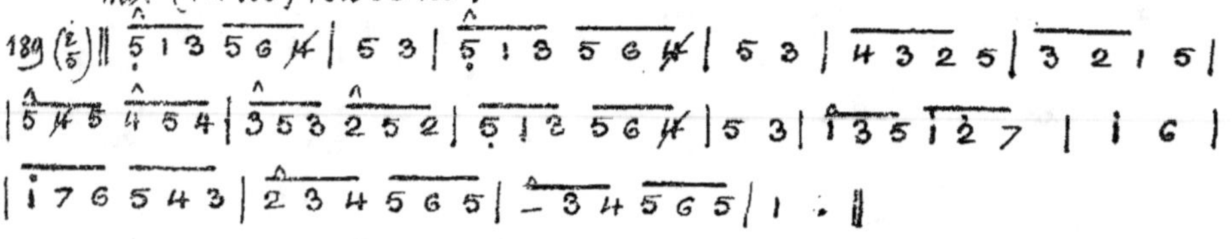

189 (2/8)‖ 5 1 3 5 6 #4 | 5 3 | 5 1 3 5 6 #4 | 5 3 | 4 3 2 5 | 3 2 1 5 |
| 5 #4 5 4 5 4 | 3 5 3 2 5 2 | 5 1 3 5 6 #4 | 5 3 | 1 3 5 1 2 7 | 1 6 |
| 1 7 6 5 4 3 | 2 3 4 5 6 5 | 3 4 5 6 5 | 1 · ‖

Allo. (M. 100) Ton de Ré.

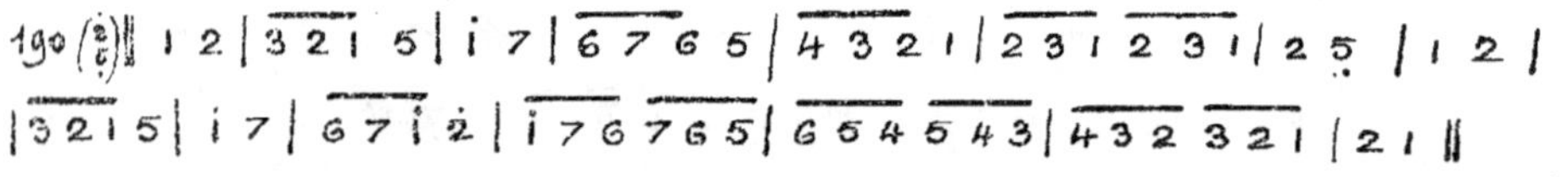

190 (2/8)‖ 1 2 | 3 2 1 5 | 1 7 | 6 7 6 5 | 4 3 2 1 | 2 3 1 2 3 1 | 2 5 | 1 2 |
| 3 2 1 5 | 1 7 | 6 7 1 2 | 1 7 6 7 6 5 | 6 5 4 5 4 3 | 4 3 2 3 2 1 | 2 1 ‖

Andte. (M. 96) Ton de Fa.

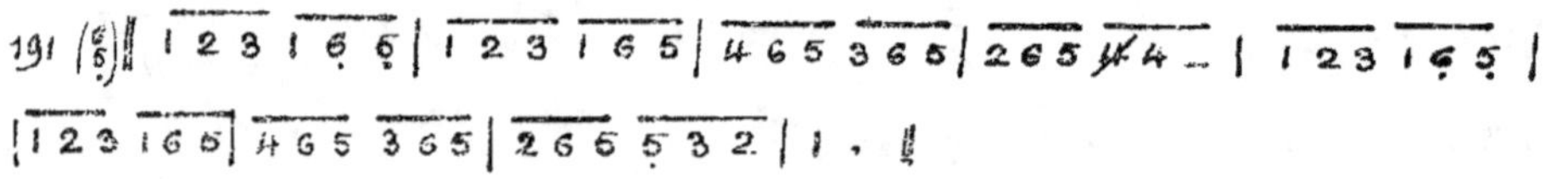

191 (6/8)‖ 1 2 3 1 6 5 | 1 2 3 1 6 5 | 4 6 5 3 6 5 | 2 6 5 #4 ‿ | 1 2 3 1 6 5 |
| 1 2 3 1 6 5 | 4 6 5 3 6 5 | 2 6 6 5 3 2 | 1 · ‖

Allo. (M. 120) Ton de Ré.

192 (3/8)‖ 5 5 5 | 1 2 2 2 | 5 6 4 6 | 5 3 5 4 2 5 | 3 5 5 5 | 1 2 2 2 | 5 6 4 6 | 5 3 5 4 2 5 |
| 1 1 1 1 1 1 | 7 6 6 6 | 5 4 2 5 | 3 1 5 4 2 5 | 3 1 1 1 | 7 6 6 6 | 2 1 7 6 | 5 3 6 4 2 7 | 1 · ‖

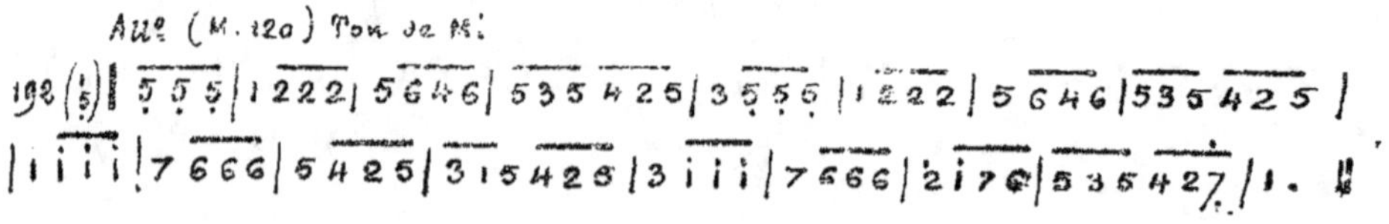

Andante (M. 80) Ton de Sol.

193 (5/8)‖ 1 2 1 2 | 3 1 | 3 2 1 2 | 5 0 | 1 2 1 2 | 3 1 | 3 2 1 3 | 5 0 | 2 2 1 3 |
| 2 5 | 3 5 4 3 | 2 0 | 1 2 1 2 | 3 1 | 3 5 4 2 | 1 · ‖

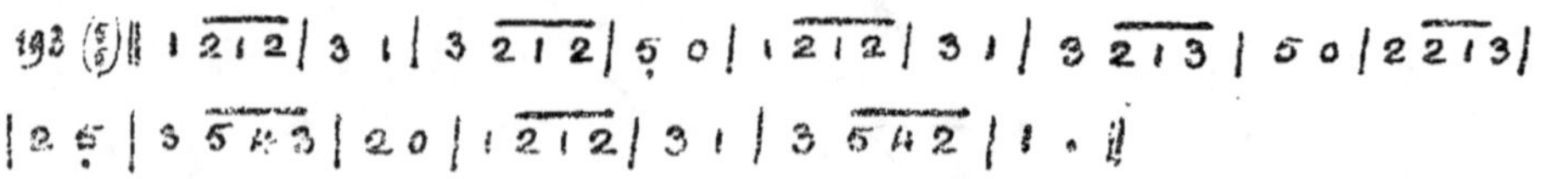

(M. 120)

194 (2/2)‖ 1 7 6 5 4 3 | 4 5 6 5 | 6 4 6 5 3 5 | 4 2 5 5 | 1 7 6 5 4 3 | 4 5 6 5 |
| 6 4 6 5 3 5 | 4 2 5 1 ‖

All⁰ (M. 120) Ton d'Ut.

195 | 1 3 5 i | 7 6 5 6 | 2 4 6 2 | 6 5 ♯ 5 | 1 3 5 i | 7 6 5 2 | 1 7 6 5 3 5 | 4 2 5 i ‖

All⁰ (M. 120) Ton de Fa.

196 (6/8)‖ 1 5 5 2 5 5 | 3 1 | 4 3 2 5 4 3 | 2 . | 3 1 1 4 2 2 | 5 3 | 6 5 5 5 ♯ ♯ | 5 . |
| 1 5 5 2 5 5 | 3 1 | 2 6 6 3 6 6 | 4 2 | 5 4 3 6 5 4 | 4 3 2 5 4 3 | 3 2 1 4 3 2 | 5 5 | 1 . ‖

All⁰ (M. 120) Ton de Fa.

197 (6/8)‖ 3 2 i 5 | i 7 i 2 | 4 3 2 5 | 2 i 2 3 | 5 4 3 4 3 2 | 3 2 i 2 | 4 3 2 3 2 i |
| 2 i 7 i ‖ 7 3 | i 7 6 5 | 6 2 | 7 . | 2 5 | 2 i 7 6 | 2 2 | 5 . ‖

All⁰ (M. 120) Ton de Ré

198 (2/4)‖ i . | 7 6 5 4 5 6 | 6 . | 5 4 3 2 3 4 | 4 2 | 7 6 | 6 5 | i . | 7 6 5 4 5 6 |
| 6 . | 7 6 5 3 4 5 | 5 i | 6 2 | i . | 7 . | i 0 ‖

Andᵗᵉ (M. 90) Ton de Mi

199 (3/8)‖ 1 1 3 2 | 1 0 | 3 3 5 4 | 3 0 | 5 5 6 7 | i 7 6 5 4 3 | 2 3 4 3 2 1 | 7 5 6 7 |
| 1 2 1 7 | 1 0 | 3 4 3 2 | 3 0 | 5 6 5 ♯ | 5 6 7 i 7 6 | 7 6 5 ♯ | 5 6 7 i 7 6 | 5 7 6 5 ♯ 3 |
| 2 5 ♯ 3 2 1 | 7 6 | 5 0 | 5 5 7 6 | 5 0 | 7 7 2 1 | 7 0 | 2 2 4 3 | 1 0 ‖

Modᵗᵒ (M. 120) Ton de Si.

200 (3/4)‖ i 5 | 3 1 | 2 3 4 3 2 1 | 2 5 | i 7 | 6 2 | 3 2 i 7 | 6 5 | i 5 | 3 4 | 2 7 |
| 5 6 | 3 2 i 7 6 5 | 4 3 4 5 4 5 | 6 5 6 7 6 7 | i 5 3 i ‖

Modᵗᵒ (M. 120) Ton de Meu

201 (3/6)‖ 6 i 7 6 3 3 | 4 3 | 6 5 4 3 2 1 | 1 7 6 7 | 6 i 7 6 3 3 | 4 3 | 6 5 4 3 2 1 |
| 7 i 7 6 | 1 3 2 1 5 5 | 6 5 | i 7 6 5 4 3 | 3 2 1 2 | 1 3 2 1 5 5 | 6 5 | i 7 6 5 4 3 | 2 3 2 1 ‖

(M. 120) Ton de Mi

202 (2/5)‖ i 7 6 3 7 ♯ 3 | 5 ♯ 5 2 | 2 ♯ 2 4 3 4 | 6 5 ♯ 5 | 3 ♯ 3 5 ♯ 5 | i 7 i 2 ♯ 2 |
| 4 3 4 6 5 6 | i 7 i 3 ♯ 3 | 5 ♯ 4 2 7 5 | i . ‖

## 4ᵉ Partie.. Section B.. Airs à 3 temps.
### Etude des Coupes précédentes.

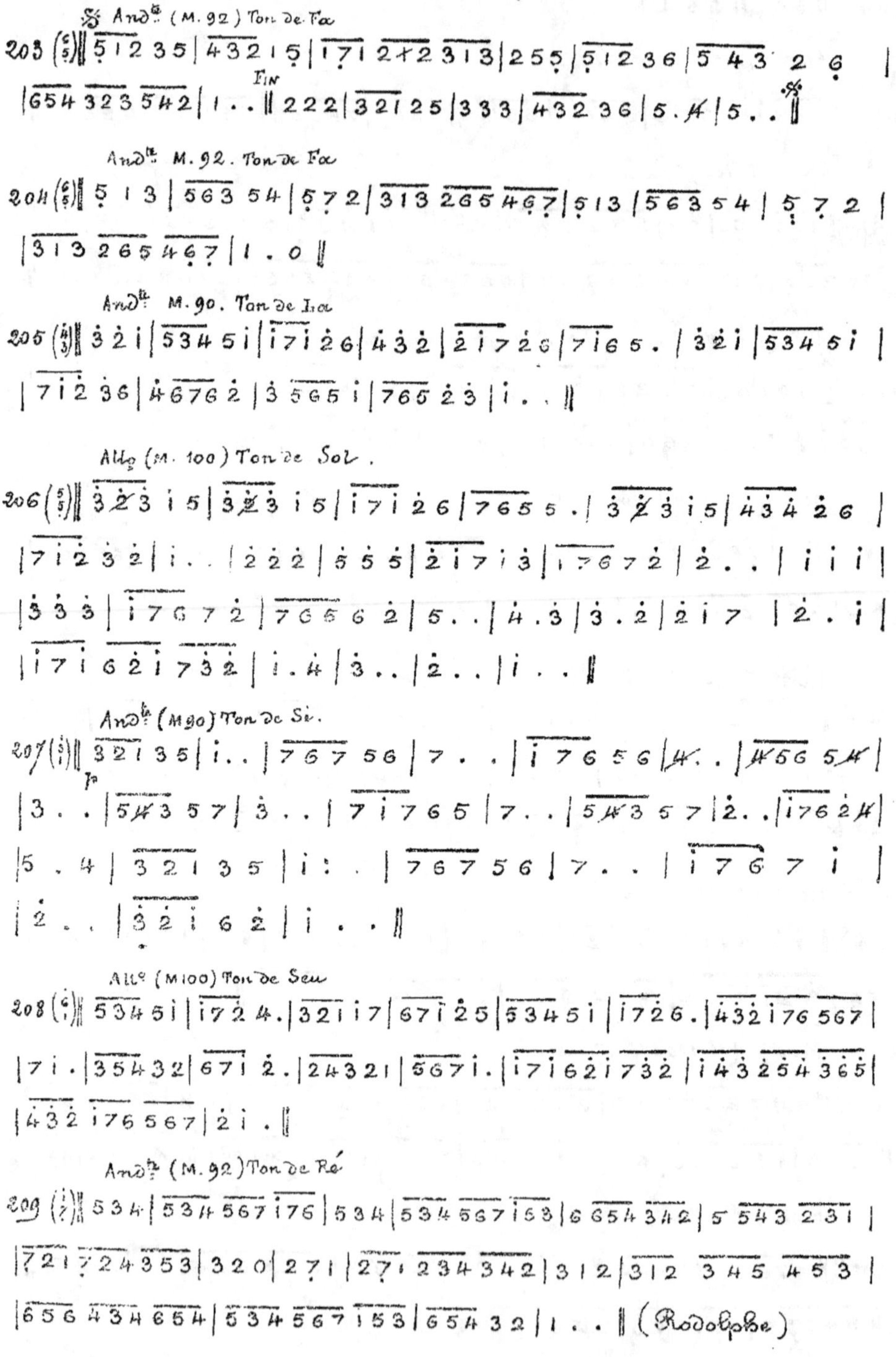

Andᵗᵉ (M. 92) Ton de Fa

203 (6/8)|| 5 1 2 3 5 | 4 3 2 1 5 | 1 7 1 2 + 2 3 1 3 | 2 5 5 | 5 1 2 3 6 | 5 4 3 2 6 |
| 6 5 4 3 2 3 5 4 2 | 1 . . || *Fin* 2 2 2 | 3 2 1 2 5 | 3 3 3 | 4 3 2 3 6 | 5 . # | 5 . . ||

Andᵗᵉ M. 92. Ton de Fa

204 (6/8)|| 5 1 3 | 5 6 3 5 4 | 5 7 2 | 3 1 3 2 6 5 4 6 7 | 5 1 3 | 5 6 3 5 4 | 5 7 2 |
| 3 1 3 2 6 5 4 6 7 | 1 . 0 ||

Andᵗᵉ M. 90. Ton de La

205 (3/4)|| 3 2 1 | 5 3 4 5 1 | 1 7 1 2 6 | 4 3 2 | 2 1 7 2 6 | 7 1 6 5 . | 3 2 1 | 5 3 4 5 1 |
| 7 1 2 3 6 | 4 6 7 6 2 | 3 5 6 5 1 | 7 6 5 2 3 | 1 . . ||

Allᵗᵒ (M. 100) Ton de Sol.

206 (5/8)|| 3 2 3 1 5 | 3 2 3 1 5 | 1 7 1 2 6 | 7 6 5 5 . | 3 2 3 1 5 | 4 3 4 2 6 |
| 7 1 2 3 2 | 1 . . | 2 2 2 | 5 5 5 | 2 1 7 1 3 | 1 7 6 7 2 | 2 . . | 1 1 1 |
| 3 3 3 | 1 7 6 7 2 | 7 6 5 6 2 | 5 . . | 4 . 3 | 3 . 2 | 2 1 7 | 2 . 1 |
| 1 7 1 6 2 1 7 3 2 | 1 . 4 | 3 . . | 2 . . | 1 . . ||

Andᵗᵉ (M 90) Ton de Si.

207 (3/8)|| 3 2 1 3 5 | 1 . . | 7 6 7 5 6 | 7 . . | 1 7 6 5 6 | 4 . . | 4 5 6 5 4 |
| 3 . . | 5 4 3 5 7 | 3 . . | 7 1 7 6 5 | 7 . . | 5 4 3 5 7 | 2 . . | 1 7 6 2 4 |
| 5 . 4 | 3 2 1 3 5 | 1 . . | 7 6 7 5 6 | 7 . . | 1 7 6 7 1 |
| 2 . . | 3 2 1 6 2 | 1 . . ||

Allᵒ (M 100) Ton de Seu

208 (6/8)|| 5 3 4 5 1 | 1 7 2 4 . | 3 2 1 1 7 | 6 7 1 2 5 | 5 3 4 5 1 | 1 7 2 6 . | 4 3 2 1 7 6 5 6 7 |
| 7 1 . | 3 5 4 3 2 | 6 7 1 2 . | 2 4 3 2 1 | 5 6 7 1 . | 1 7 1 6 2 1 7 3 2 | 1 4 3 2 5 4 3 6 5 |
| 4 3 2 1 7 6 5 6 7 | 2 1 . ||

Andᵗᵉ (M. 92) Ton de Ré

209 (3/4)|| 5 3 4 | 5 3 4 5 6 7 1 7 6 | 5 3 4 | 5 3 4 5 6 7 1 5 3 | 6 6 5 4 3 4 2 | 5 5 4 3 2 3 1 |
| 7 2 1 7 2 4 3 5 3 | 3 2 0 | 2 7 1 | 2 7 1 2 3 4 3 4 2 | 3 1 2 | 3 1 2 3 4 5 4 5 3 |
| 6 5 6 4 3 4 6 5 4 | 5 3 4 5 6 7 1 5 3 | 6 5 4 3 2 | 1 . . || (Rodolphe)

# 5e Partie. — Division ternaire

Études des Coupes Groupe 1.

**All.º Ton de Mi**

210 ‖ 3.21.2 | 3.21.5 | 4.32.3 | 4.32.5 | 3.21.2 | 3.21.5 |
| 4.3234 | 5.51 ‖ 2.52.5 | 3217.5 | 6717.6 | 5.76 | 2.52.5 |
| 3217.5 | 6717.2 | 6.25 ‖

**All.º (M100) Ton de Ré**

211 ‖ 305305 | 406501 | 504305 | 403205 | 306406 | 501504 | 305402 |
| 1.0 ‖

**All.º Ton de Sol**

212 ‖ 111 | 1.23.2 | 1.5333 | 5.43.2 | 3.13.1 | 3.1543 | 2 222 |
| 4.32.3 | 1.5333 | 5.43.2 | 35 | 4.3212 | 3.15 | 4.3212 | 1. ‖

**All.º Ton de Mi**

213 ‖ 333 | 3.23.4 | 5.5333 | 3.23.4 | 534534 | 5222 | 2.34.5 |
| 4.3543 | 543231 | 2222 | 2.34.5 | 4.3543 | 543212 | 1. ‖

**All.º Ton de Sol**

214 ‖ 01.3 | 1.34.2 | 5.31.7 | 6712.3 | 11.3 | 1.34.2 | 5.31.7 |
| 6712.3 | 11.7 | 6712.3 | 1.5 1.7 | 6712.3 | 1. ‖

**All.º Ton de Ré**

215 ‖ 1.35.4 | 3.21.2 | 3.54.3 | 2.5 5 | 234345 | 456567 |
| 153542 | 21 ‖

**All.º Ton de Ré**

216 ‖ 0323 | 1.3212 | 6767 | 5.51.2 | 3.1323 | 1.3212 |
| 6767 | 543217 | 1534 | 5.7656 | 5534 | 517656 | 5531 | 2642 |
| 3531 | 2642 | 3524 | 354321 | 2.5323 | 1.3212 | 6767 |
| 5.51.2 | 3.1323 | 1.3212 | 6767 | 543217 |
| 1. ‖ J.-J. Rousseau

Allo. Ton de Fa.

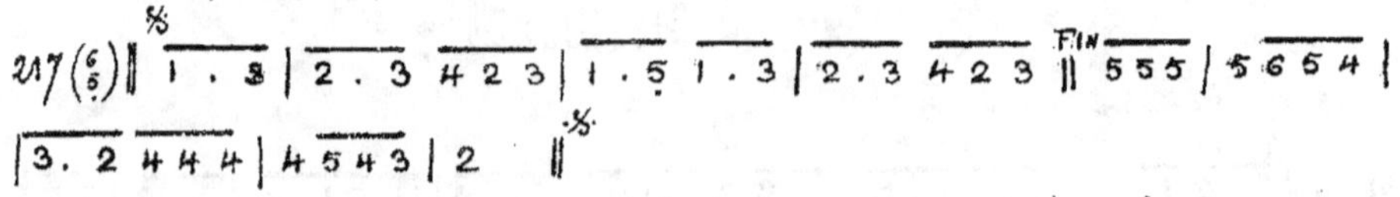

217 (6/8) ‖ 1 . 3 | 2 . 3 4 2 3 | 1 . 5 1 . 3 | 2 . 3 4 2 3 ‖ FIN 5 5 5 | 5 6 5 4 |
| 3 . 2 4 4 4 | 4 5 4 3 | 2 ‖

Allo. Ton de Fa.

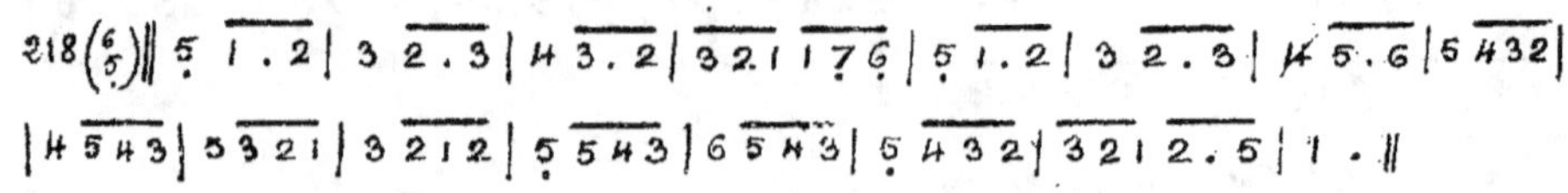

218 (6/8) ‖ 5 1 . 2 | 3 2 . 3 | 4 3 . 2 | 3 2 1 1 7 6 | 5 1 . 2 | 3 2 . 3 | 4 5 . 6 | 5 4 3 2 |
| 4 5 4 3 | 5 3 2 1 | 3 2 1 2 | 5 5 4 3 | 6 5 4 3 | 5 4 3 2 | 3 2 1 2 . 5 | 1 . ‖

Allo. (M. 120) Ton de Ré

219 (3/8) ‖ 1 . 1 2 . 2 | 3 1 | 2 . 2 3 . 3 | 4 2 | 5 . 5 2 . 2 | 5 3 | 5 . 5 6 . 7 |
| 5 5 | 1 . 1 2 . 2 | 3 1 | 2 . 2 3 . 3 | 4 2 | 5 . 5 2 . 2 | 5 3 | 5 . 5 6 . 7 | 1 1 ‖

Allo. Ton de Meu.

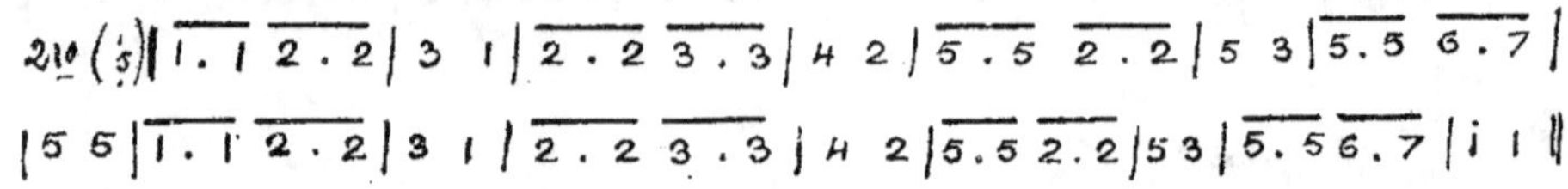

220 (1/6) ‖ 6 1 . 2 | 3 6 | 4 5 . 6 | 3 2 3 4 | 3 . 2 1 . 7 | 1 7 | 6 1 . 2 | 3 6 | 4 5 . 6 |
| 5 1 | 5 4 3 3 2 1 | 3 2 | 1 . ‖

Allo. Ton de Sol

221 (5/8) ‖ 0 1 . 3 | 5 . 5 4 5 4 | 3 . 3 1 . 3 | 5 . 5 4 5 4 | 3 3 3 3 | 4 . 3 2 . 1 |
| 2 . 2 2 . 3 | 2 . 1 7 . 6 | 5 1 . 2 | 3 3 3 2 3 4 | 3 . 3 2 3 4 | 3 2 1 2 | 1 . ‖ Désaugiers

Allo. Ton de Ré

222 (2/4) ‖ 3 4 5 | 5 4 3 2 1 2 | 3 . 1 3 4 5 | 5 4 3 2 1 2 | 1 3 4 5 | 6 . 5 1 . 5 | 5 6 5 5 4 3 |
| 2 . 2 3 4 5 | 6 . 5 1 . 5 | 6 . 5 1 . 5 | 5 6 5 5 4 3 | 3 . 2 3 4 5 | 5 4 3 2 1 2 |
| 3 . 1 3 4 5 | 5 4 3 2 1 7 | 1 . ‖

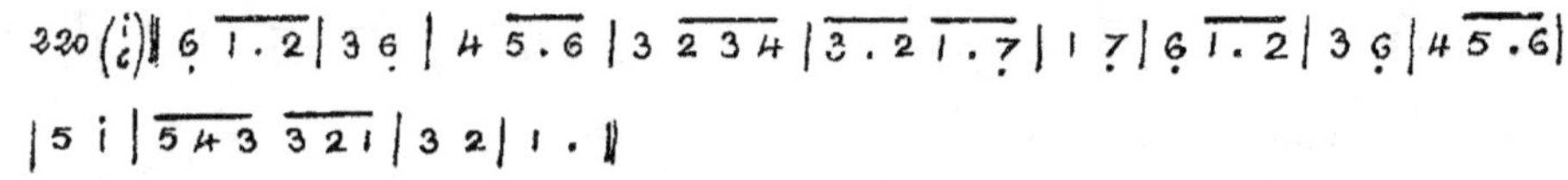

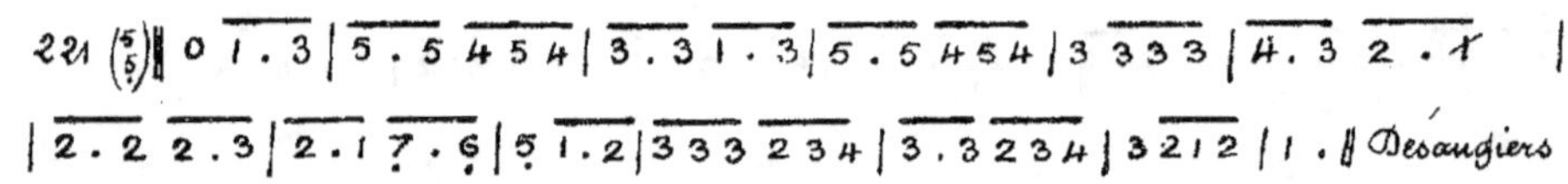

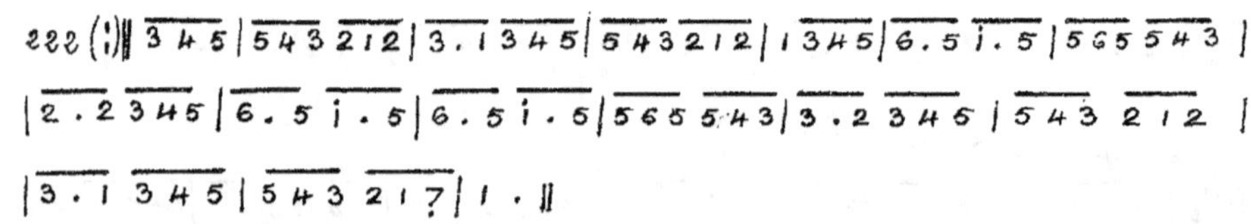

Allo. Ton de Reu

223 (3/8) ‖ 5 . 5 | 5 6 5 4 3 2 | 3 . 1 6 . 5 | 5 6 5 4 3 2 | 1 2 . 2 | 2 3 2 1 7 6 | 5 . 5 1 7 1 |
| 2 . 2 2 3 4 | 3 5 . 5 | 1 . 1 7 7 | 1 . 1 5 5 | 6 . 3 5 . 5 | 2 5 . 5 | 6 . 5 5 . 5 |
| 6 . 5 3 . 3 | 4 . 3 3 . 3 | 4 3 3 | 2 . 2 5 . 5 | 1 . ‖

Allo. Ton de Fa

224 ‖ 3 2 1 2 | 3 1 | 5 4 3 4 | 5 3 | 6 . 5 4 . 3 | 3 2 1 2 7 5 | 5 . 4 3 . 2 | 2 1 7 1 5 3 |
| 3 2 1 2 | 3 1 | 5 4 3 4 | 5 3 | 1 . 5 5 4 3 | 6 . 4 4 3 2 | 5 7 | 1 . ‖

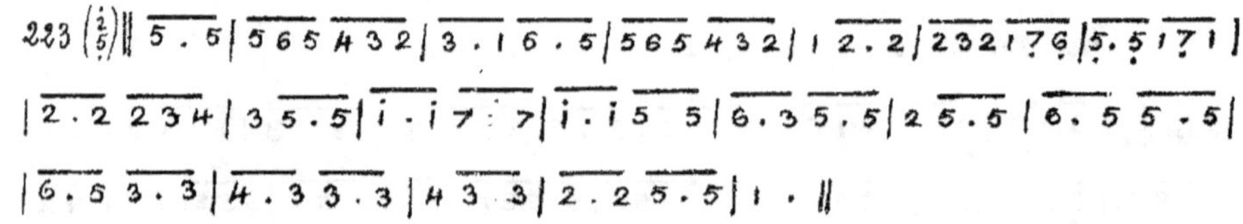

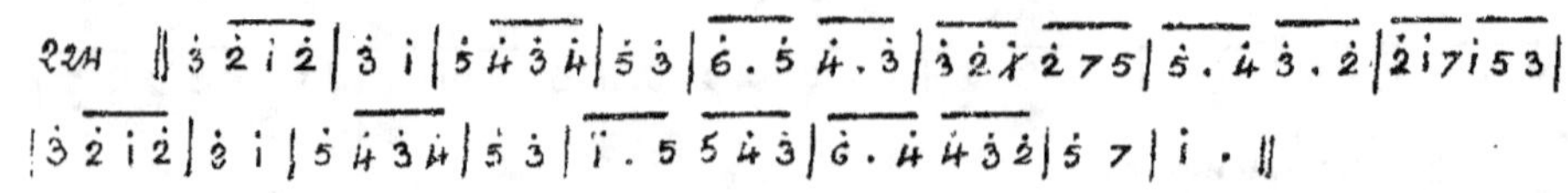

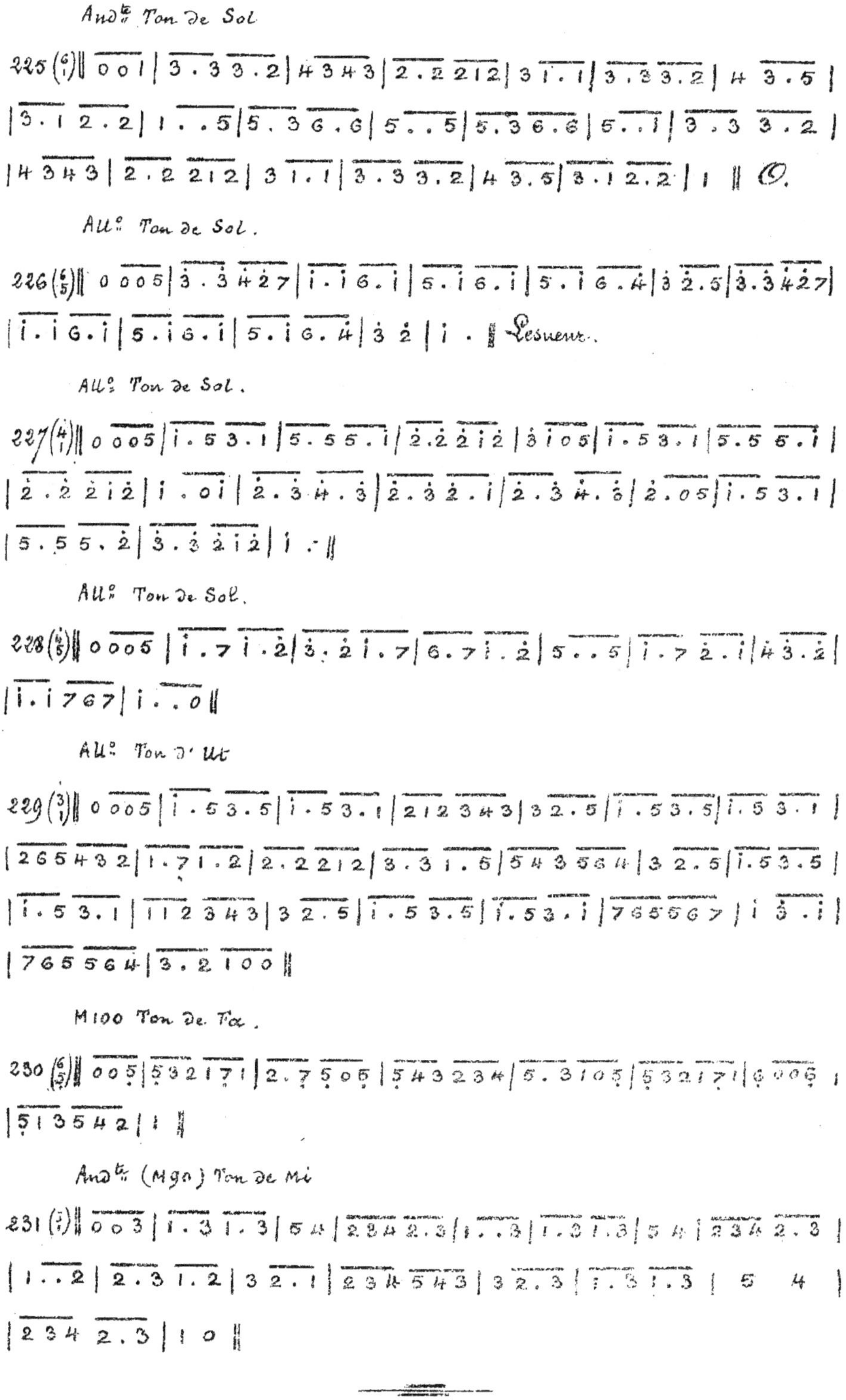

Andᵗᵉ Ton de Sol

225 (6/1) ‖ 0 0 1 | 3.3 3.2 | 4 3 4 3 | 2.2 2 1 2 | 3 1.1 | 3.3 3.2 | 4 3.5 |
| 3.1 2.2 | 1..5 | 5.3 6.6 | 5..5 | 5.3 6.6 | 5..1 | 3.3 3.2 |
| 4 3 4 3 | 2.2 2 1 2 | 3 1.1 | 3.3 3.2 | 4 3.5 | 3.1 2.2 | 1 ‖ ⓞ.

All⁰ Ton de Sol.

226 (6/5) ‖ 0 0 0 5 | 3.3 4 2 7 | 1.1 6.1 | 5.1 6.1 | 5.1 6.4 | 3 2.5 | 3.3 4 2 7 |
| 1.1 6.1 | 5.1 6.1 | 5.1 6.4 | 3 2 | 1 . ‖ Lesueur.

All⁰ Ton de Sol.

227 (4/1) ‖ 0 0 0 5 | 1.5 3.1 | 5.5 5.1 | 2.2 2 1 2 | 3 1 0 5 | 1.5 3.1 | 5.5 5.1 |
| 2.2 2 1 2 | 1.0 1 | 2.3 4.3 | 2.3 2.1 | 2.3 4.3 | 2.0 5 | 1.5 3.1 |
| 5.5 5.2 | 3.3 2 1 2 | 1 . ‖

All⁰ Ton de Sol.

228 (6/5) ‖ 0 0 0 5 | 1.7 1.2 | 3.2 1.7 | 6.7 1.2 | 5..5 | 1.7 2.1 | 4 3.2 |
| 1.1 7 6 7 | 1..0 ‖

All⁰ Ton d' Ut

229 (3/1) ‖ 0 0 0 5 | 1.5 3.5 | 1.5 3.1 | 2 1 2 3 4 3 | 3 2.5 | 1.5 3.5 | 1.5 3.1 |
| 2 6 5 4 3 2 | 1.7 1.2 | 2.2 2 1 2 | 3.3 1.5 | 5 4 3 5 6 4 | 3 2.5 | 1.5 3.5 |
| 1.5 3.1 | 1 1 2 3 4 3 | 3 2.5 | 1.5 3.5 | 1.5 3.1 | 7 6 5 5 6 7 | 1 3 .1 |
| 7 6 5 5 6 4 | 3.2 1 0 0 ‖

M100 Ton de Fa.

230 (6/5) ‖ 0 0 5 | 5 3 2 1 7 1 | 2.7 5 0 5 | 5 4 3 2 3 4 | 5.3 1 0 5 | 5 3 2 1 7 1 | 6 0 0 5 |
| 5 1 3 5 4 2 | 1 ‖

Andᵗⁱ (Mgⁿ) Ton de Mi

231 (3/1) ‖ 0 0 3 | 1.3 1.3 | 5 4 | 2 3 4 2.3 | 1..3 | 1.3 1.3 | 5 4 | 2 3 4 2.3 |
| 1..2 | 2.3 1.2 | 3 2.1 | 2 3 4 5 4 3 | 3 2.3 | 1.3 1.3 | 5 4 |
| 2 3 4 2.3 | 1 0 ‖

# Groupe 2

Mod.to Ton de Fa.

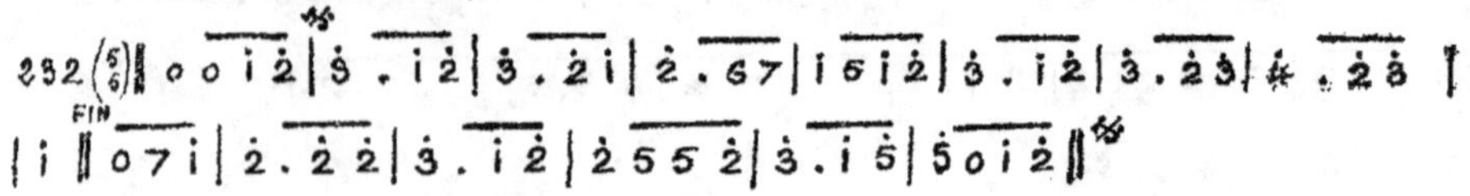

232 (5/6) ‖ 0 0 1 2 | 3 . 1 2 | 3 . 2 1 | 2 . 67 | 1 5 1 2 | 3 . 1 2 | 3 . 2 3 | 4 . 2 3 |
| 1 ‖ 0 7 1 | 2 . 2 2 | 3 . 1 2 | 2 5 5 2 | 3 . 1 5 | 5 0 1 2 ‖

And.te Ton de La.

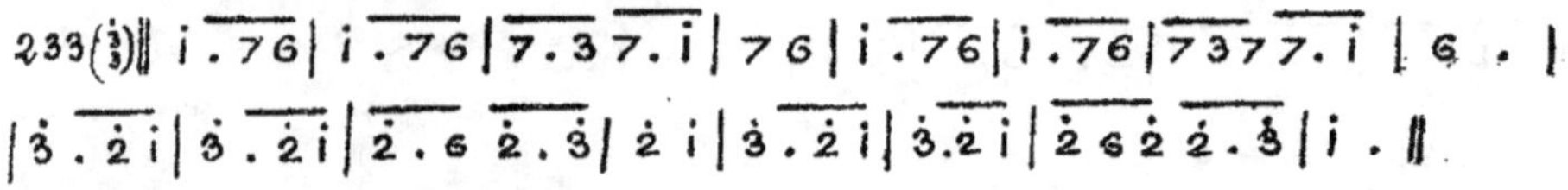

233 (3/3) ‖ 1 . 76 | 1 . 76 | 7 . 3 7 . 1 | 76 | 1 . 76 | 1 . 76 | 7 3 7 7 . 1 | 6 . |
| 3 . 2 1 | 3 . 2 1 | 2 . 6 2 . 3 | 2 1 | 3 . 2 1 | 3 . 2 1 | 2 6 2 2 . 3 | 1 . ‖

And.te Ton de La.

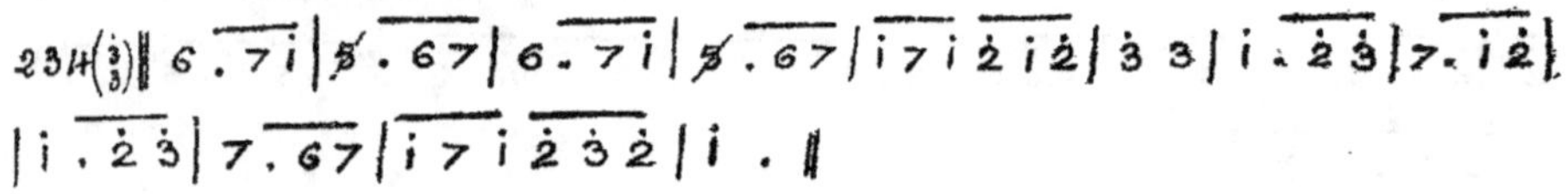

234 (3/3) ‖ 6 . 7 1 | 5 . 67 | 6 . 7 1 | 5 . 67 | 1 7 1 2 1 2 | 3 3 | 1 . 2 3 | 7 . 1 2 |
| 1 . 2 3 | 7 . 67 | 1 7 1 2 3 2 | 1 . ‖

All.o Ton de Sol.

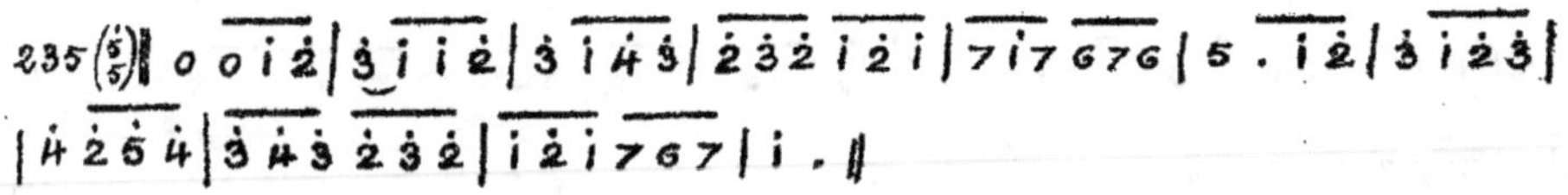

235 (5/5) ‖ 0 0 1 2 | 3 1 1 2 | 3 1 4 3 | 2 3 2 1 2 1 | 7 1 7 6 7 6 | 5 . 1 2 | 3 1 2 3 |
| 4 2 5 4 | 3 4 3 2 3 2 | 1 2 1 7 6 7 | 1 . ‖

All.o Ton de Mi.

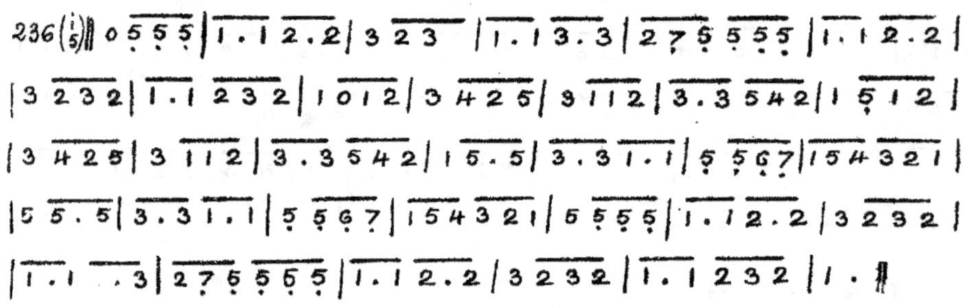

236 (1/5) ‖ 0 5 5 5 | 1 . 1 2 . 2 | 3 2 3 | 1 . 1 3 . 3 | 2 7 5 5 5 | 1 . 1 2 . 2 |
| 3 2 3 2 | 1 . 1 2 3 2 | 1 0 1 2 | 3 4 2 5 | 3 1 1 2 | 3 . 3 5 4 2 | 1 5 1 2 |
| 3 4 2 5 | 3 1 1 2 | 3 . 3 5 4 2 | 1 5 . 5 | 3 . 3 1 . 1 | 5 5 6 7 | 1 5 4 3 2 1 |
| 5 5 . 5 | 3 . 3 1 . 1 | 5 5 6 7 | 1 5 4 3 2 1 | 5 5 5 5 | 1 . 1 2 . 2 | 3 2 3 2 |
| 1 . 1 . 3 | 2 7 5 5 5 | 1 . 1 2 . 2 | 3 2 3 2 | 1 . 1 2 3 2 | 1 . ‖

Andante. Ton de Sol.

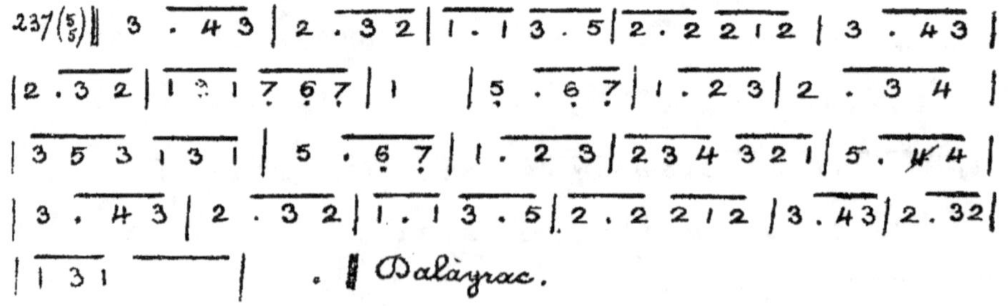

237 (5/5) ‖ 3 . 4 3 | 2 . 3 2 | 1 . 1 3 . 5 | 2 . 2 2 1 2 | 3 . 4 3 |
| 2 . 3 2 | 1 2 1 7 6 7 | 1 | 5 . 6 7 | 1 . 2 3 | 2 . 3 4 |
| 3 5 3 1 3 1 | 5 . 6 7 | 1 . 2 3 | 2 3 4 3 2 1 | 5 . #4 |
| 3 . 4 3 | 2 . 3 2 | 1 . 1 3 . 5 | 2 . 2 2 1 2 | 3 . 4 3 | 2 . 3 2 |
| 1 3 1 | . ‖ Dalayrac.

Allᵗ Ton de Fa.

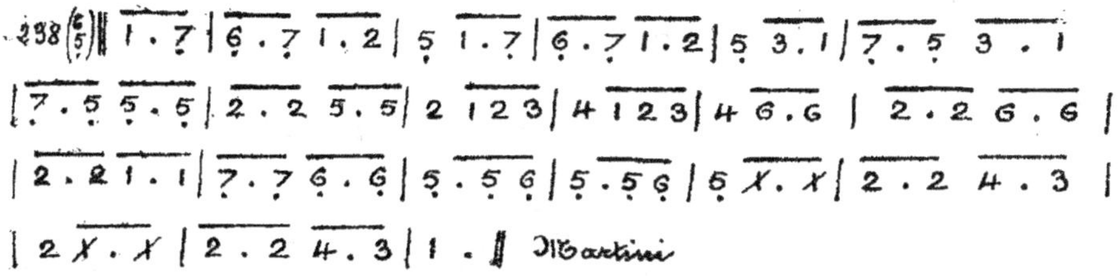

238 (⁶₈) ‖ 1 . 7 | 6 . 7 1 . 2 | 5 1 . 7 | 6 . 7 1 . 2 | 5 3 . 1 | 7 . 5 3 . 1 |
| 7 . 5 5 . 5 | 2 . 2 5 . 5 | 2 1 2 3 | 4 1 2 3 | 4 6 . 6 | 2 . 2 6 . 6 |
| 2 . 2 1 . 1 | 7 . 7 6 . 6 | 5 . 5 6 | 5 . 5 6 | 5 X . X | 2 . 2 4 . 3 |
| 2 X . X | 2 . 2 4 . 3 | 1 . ‖ Martini

Andᵗᵉ Ton de Sol

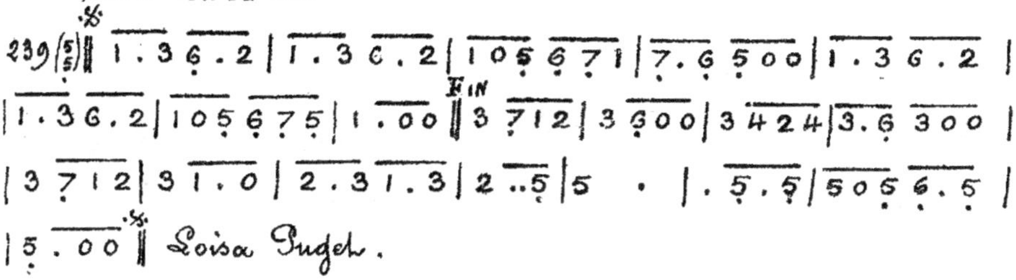

239 (⁵₈) ‖ 1 . 3 6 . 2 | 1 . 3 6 . 2 | 1 0 5 6 7 1 | 7 . 6 5 0 0 | 1 . 3 6 . 2 |
| 1 . 3 6 . 2 | 1 0 5 6 7 5 | 1 . 0 0 ‖ 3 7 1 2 | 3 3 0 0 | 3 4 2 4 | 3 . 6 3 0 0 |
| 3 7 1 2 | 3 1 . 0 | 2 . 3 1 . 3 | 2 . . 5 | 5 · | . 5 . 5 | 5 0 5 6 . 5 |
| 5 . 0 0 ‖ Loïsa Puget.

## 6ᵉ Partie. — Division bino-ternaire. Section A

Etude de la Coupe [ 5 5 5 5 / ta fa tä fi ] et des Coupes précédentes.

Modᵗᵒ (M. 100) Ton de Sol.

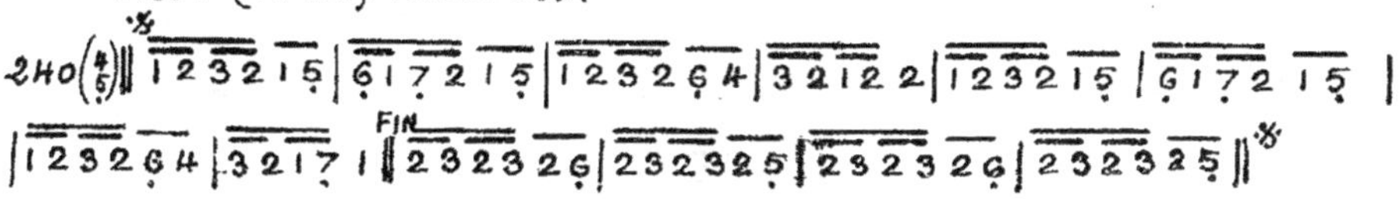

240 (⁴₄) ‖ 1 2 3 2 1 5 | 6 1 7 2 1 5 | 1 2 3 2 6 4 | 3 2 1 2 2 | 1 2 3 2 1 5 | 6 1 7 2 1 5 |
| 1 2 3 2 6 4 | 3 2 1 7 1 ‖ 2 3 2 3 2 6 | 2 3 2 3 2 5 | 2 3 2 3 2 6 | 2 3 2 3 2 5 ‖

(M. 112) Ton de Fa.

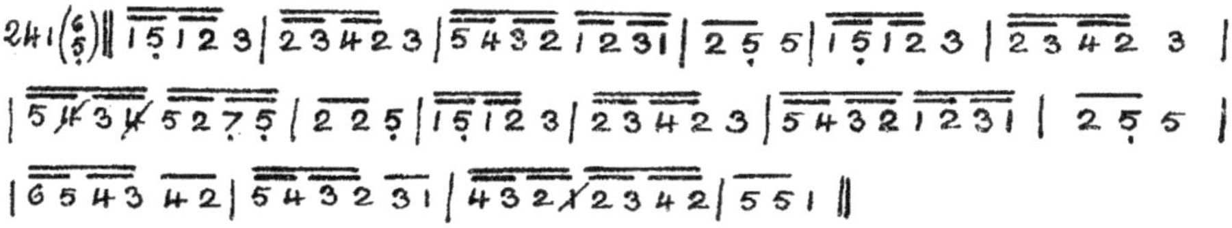

241 (⁶₈) ‖ 1 5 1 2 3 | 2 3 4 2 3 | 5 4 3 2 1 2 3 1 | 2 5 5 | 1 5 1 2 3 | 2 3 4 2 3 |
| 5 ♯ 3 ♯ 5 2 7 5 | 2 2 5 | 1 5 1 2 3 | 2 3 4 2 3 | 5 4 3 2 1 2 3 1 | 2 5 5 |
| 6 5 4 3 4 2 | 5 4 3 2 3 1 | 4 3 2 X 2 3 4 2 | 5 5 1 ‖

(M 100) Ton de Sol

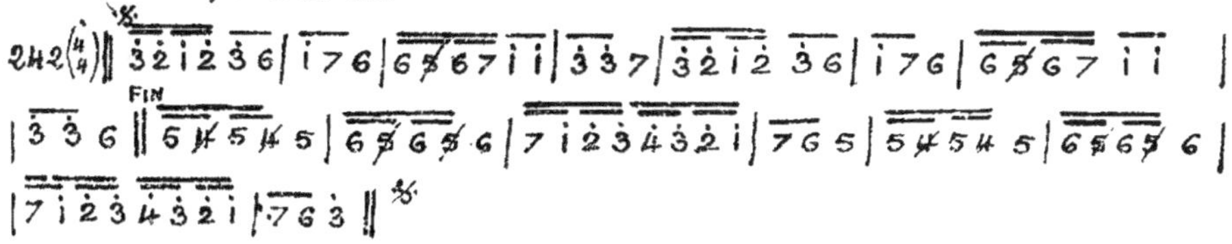

242 (⁴₄) ‖ 3 2 1 2 3 6 | 1 7 6 | 6 5 6 7 1 1 | 3 3 7 | 3 2 1 2 3 6 | 1 7 6 | 6 5 6 7 1 1 |
| 3 3 6 ‖ 5 ♯ 5 ♯ 5 | 6 5 6 5 6 | 7 1 2 3 4 3 2 1 | 7 6 5 | 5 ♯ 5 ♯ 5 | 6 5 6 5 6 |
| 7 1 2 3 4 3 2 1 | 7 6 3 ‖

(M. 100) Ton de Sol.

243 (⁶₈) ‖ 5 6 7 1 5 6 7 1 | 2 6 6 | 6 5 4 3 2 3 4 5 | 6 5 5 | 5 6 7 1 5 6 7 1 | 2 6 6 |
| 6 5 4 3 2 3 4 5 | 6 7 1 ‖ 7 1 7 6 5 6 7 1 | 6 3 3 | 6 7 6 5 ♯ 5 6 7 | 5 2 2 ‖

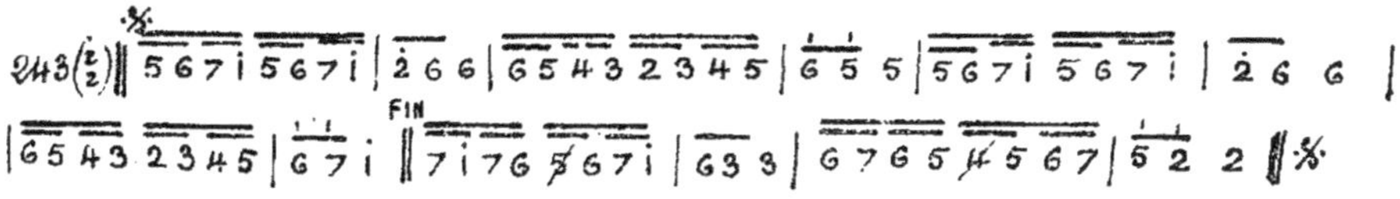

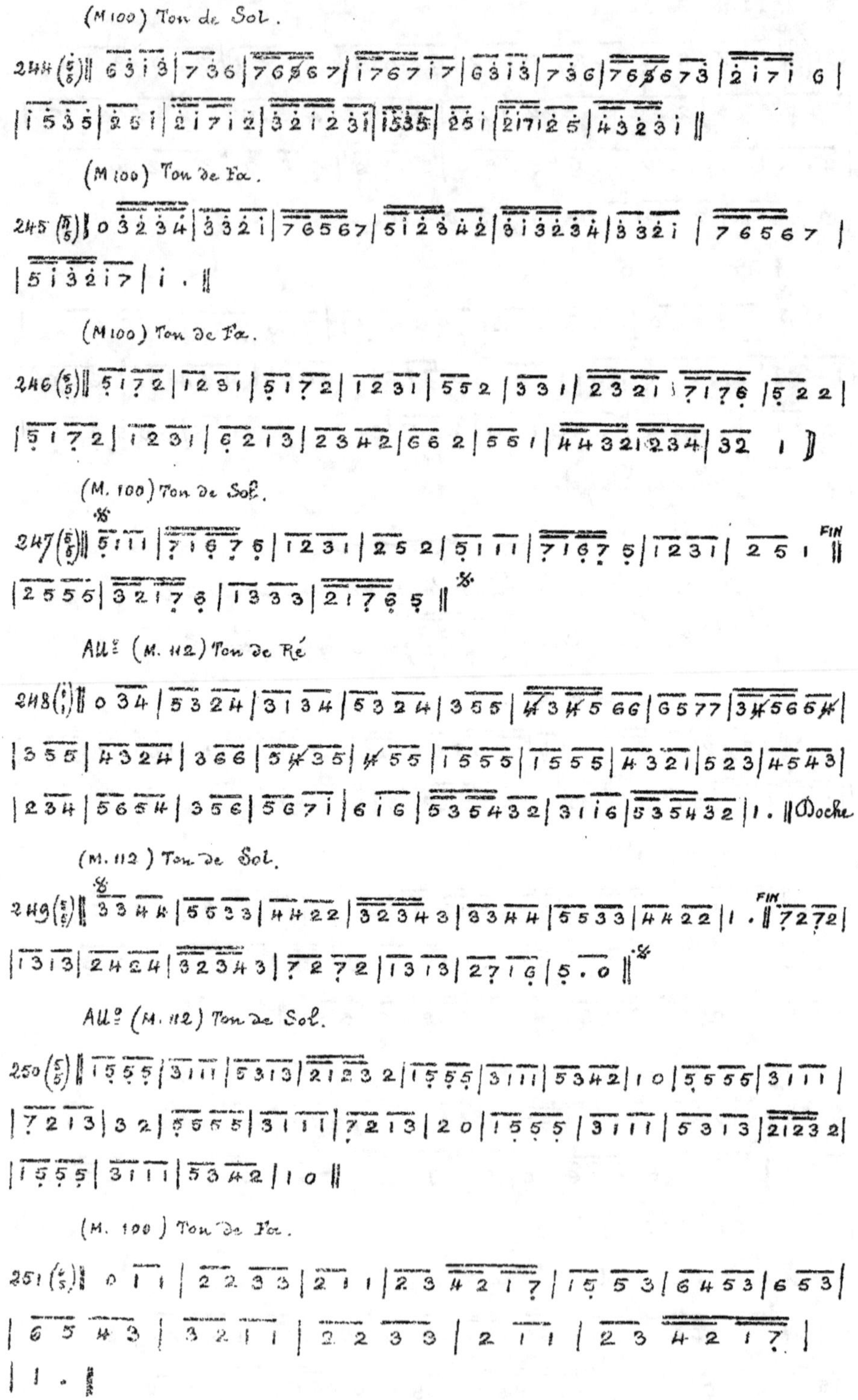

*(M 100) Ton de Sol.*

244 (⁵⁄₈) ‖ 6 3 i 3 | 7 3 6 | 7 6 5 6 7 | i 7 6 7 i 7 | 6 3 i 3 | 7 3 6 | 7 6 5 6 7 3 | 2 i 7 i 6 |
| i 5 3 5 | 2 5 i | 2 i 7 i 2 | 3 2 i 2 3 i | i 5 3 5 | 2 5 i | 2 i 7 i 2 5 | 4 3 2 3 i ‖

*(M 100) Ton de Fa.*

245 (⁷⁄₈) | 0 3 2 3 4 | 3 3 2 i | 7 6 5 6 7 | 5 i 2 3 4 2 | 3 i 3 2 3 4 | 3 3 2 i | 7 6 5 6 7 |
| 5 i 3 2 i 7 | i . ‖

*(M 100) Ton de Fa.*

246 (⁵⁄₈) ‖ 5 i 7 2 | i 2 3 i | 5 i 7 2 | i 2 3 i | 5 5 2 | 3 3 i | 2 3 2 i | 7 i 7 6 | 5 2 2 |
| 5 i 7 2 | i 2 3 i | 6 2 i 3 | 2 3 4 2 | 6 6 2 | 5 6 i | 4 4 3 2 i 2 3 4 | 3 2 i ]

*(M. 100) Ton de Sol.*

247 (⁵⁄₈) ‖ 5 i 1 1 | 7 i 6 7 6 | i 2 3 i | 2 5 2 | 5 i 1 1 | 7 i 6 7 6 | i 2 3 i | 2 5 i FIN ‖
| 2 5 5 5 | 3 2 i 7 6 | i 3 3 3 | 2 i 7 6 5 ‖

Allᵗ (M. 112) Ton de Ré

248 (⁶⁄₈) ‖ 0 3 4 | 5 3 2 4 | 3 i 3 4 | 5 3 2 4 | 3 5 5 | 4 3 4 5 6 6 | 6 5 7 7 | 3 ♯ 5 6 6 ♯ |
| 3 5 5 | 4 3 2 4 | 3 6 6 | 5 ♯ 3 5 | 4 5 5 | i 5 5 5 | i 5 5 5 | 4 3 2 i | 5 2 3 | 4 5 4 3 |
| 2 3 4 | 5 6 5 4 | 3 5 6 | 5 6 7 i | 6 i 6 | 5 3 5 4 3 2 | 3 i i 6 | 5 3 5 4 3 2 | i . ‖ Cloche

*(M. 112) Ton de Sol.*

249 (⁵⁄₈) ‖ 3 3 4 4 | 5 5 3 3 | 4 4 2 2 | 3 2 3 4 3 | 3 3 4 4 | 5 5 3 3 | 4 4 2 2 | i . ‖ 7 2 7 2 |
| i 3 i 3 | 2 4 2 4 | 3 2 3 4 3 | 7 2 7 2 | i 3 i 3 | 2 7 i 6 | 5 . 0 ‖

Allᵗ (M. 112) Ton de Sol.

250 (⁵⁄₈) ‖ i 5 5 5 | 3 i 1 1 | 5 3 i 3 | 2 i 2 3 2 | i 5 5 5 | 3 i 1 1 | 5 3 4 2 | i 0 | 5 5 5 5 | 3 i 1 1 |
| 7 2 i 3 | 3 2 | 5 5 5 5 | 3 i 1 1 | 7 2 i 3 | 2 0 | i 5 5 5 | 3 i 1 1 | 5 3 i 3 | 2 i 2 3 2 |
| i 5 5 5 | 3 i 1 1 | 5 3 4 2 | i 0 ‖

*(M. 100) Ton de Fa.*

251 (⁵⁄₈) ‖ 0 i 1 | 2 2 3 3 | 2 i 1 | 2 3 4 2 i 7 | i 5 5 3 | 6 4 5 3 | 6 5 3 |
| 6 5 4 3 | 3 2 i 1 | 2 2 3 3 | 2 i 1 | 2 3 4 2 i 7 |
| i 1 . ‖

Allº (M 120) Ton de Sol.

252 (5/4) ‖ 0 1 1 | 5 5 1 1 | 3 2 2 | 6 6 2 2 | 7 5 1 1 | 5 5 1 1 | 3 3 2 3 4 2 | 1 1 7 7 |

| 1 2 7 | 5 5 2 7 | 5 5 3 1 | 5 5 3 1 | 5 5 4 3 | 2 2 1 1 | 7 7 6 6 | 5 5 4 4 |

| 5 1 1 | 5 5 1 1 | 3 3 2 2 | 6 6 2 2 | 4 4 3 3 | 2 3 4 2 1 7 | 1 . ‖ Docke.

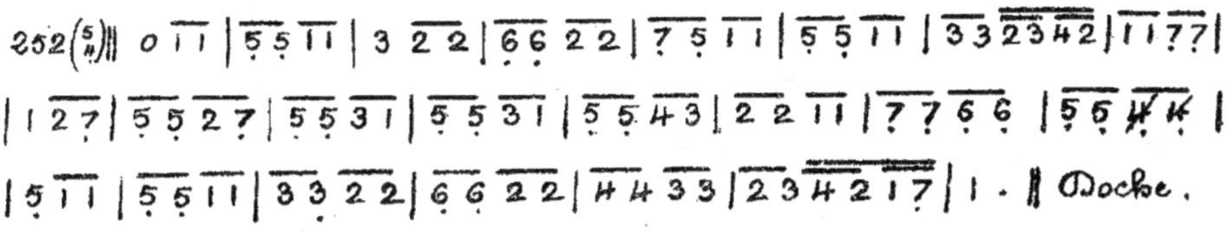

## 7ᵉ Partie. Section A.

Étude de la Coupe [ 5 5 5 / ta té fé ] et des Coupes précédentes.

Allº (M. 100) Ton de Ré

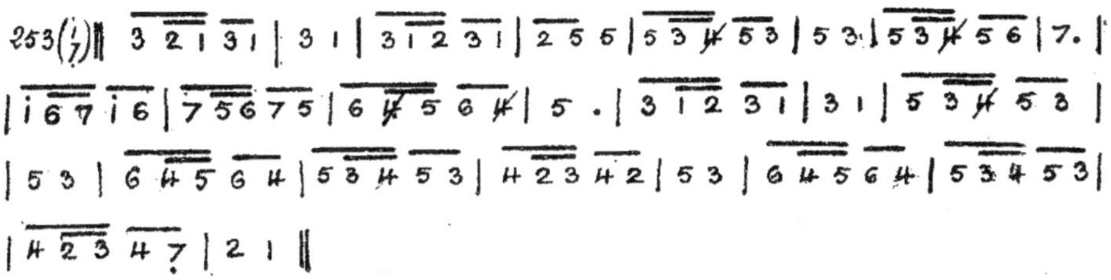

253 (1/7) ‖ 3 2 1 3 1 | 3 1 | 3 1 2 3 1 | 2 5 5 | 5 3 4 5 3 | 5 3 | 5 3 4 5 6 | 7 . |

| 1 6 7 1 6 | 7 5 6 7 5 | 6 4 5 6 4 | 5 . | 3 1 2 3 1 | 3 1 | 5 3 4 5 3 |

| 5 3 | 6 4 5 6 4 | 5 3 4 5 3 | 4 2 3 4 2 | 5 3 | 6 4 5 6 4 | 5 3 4 5 3 |

| 4 2 3 4 7 | 2 1 ‖

(M 100) Ton de Sol.

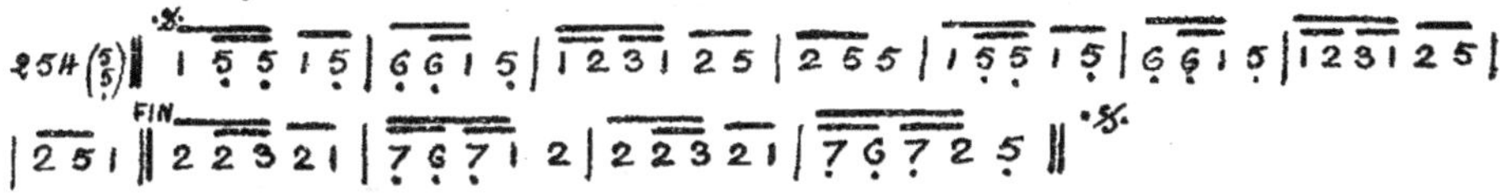

254 (3/3) ‖ 1 5 5 1 5 | 6 6 1 5 | 1 2 3 1 2 5 | 2 5 5 | 1 5 5 1 5 | 6 6 1 5 | 1 2 3 1 2 5 |

| 2 5 1 ‖ FIN | 2 2 3 2 1 | 7 6 7 1 2 | 2 2 3 2 1 | 7 6 7 2 5 ‖

(M 100) Ton de Mi.

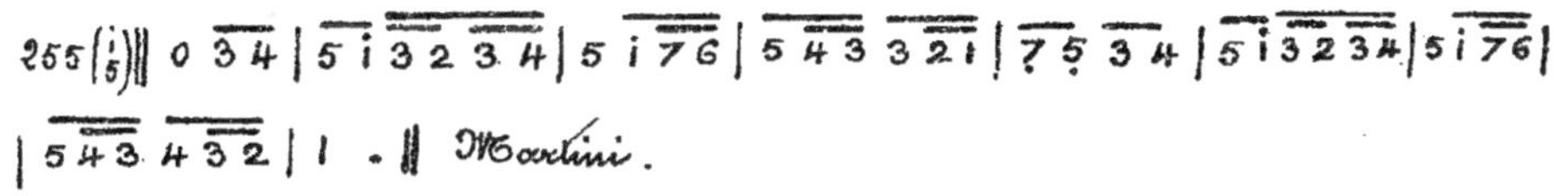

255 (1/5) ‖ 0 3 4 | 5 1 3 2 3 4 | 5 1 7 6 | 5 4 3 3 2 1 | 7 5 3 4 | 5 1 3 2 3 4 | 5 1 7 6 |

| 5 4 3 4 3 2 | 1 . ‖ Martini.

(M. 100) Ton de Fa.

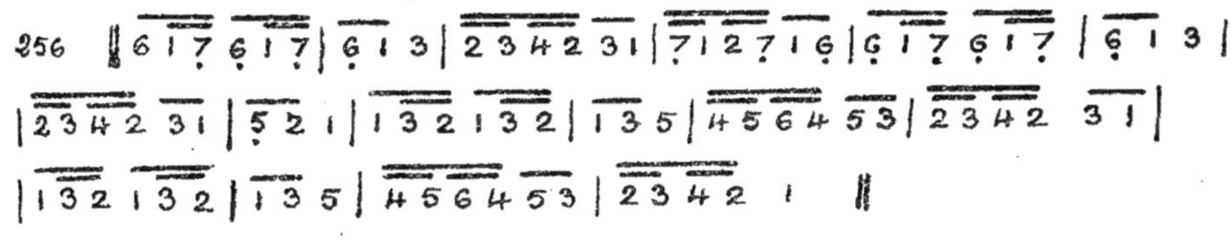

256 ‖ 6 1 7 6 1 7 | 6 1 3 | 2 3 4 2 3 1 | 7 1 2 7 1 6 | 6 1 7 6 1 7 | 6 1 3 |

| 2 3 4 2 3 1 | 5 2 1 | 1 3 2 1 3 2 | 1 3 5 | 4 5 6 4 5 3 | 2 3 4 2 3 1 |

| 1 3 2 1 3 2 | 1 3 5 | 4 5 6 4 5 3 | 2 3 4 2 1 ‖

Allº (M 120) Ton d'Ut.

257 (2/1) ‖ 1 5 | 1 5 4 3 2 1 | 5 1 2 3 4 | 5 5 5 5 4 3 | 2 1 1 5 | 1 5 4 3 2 1 | 5 1 7 6 2 1 |

| 7 6 5 6 | 5 5 4 5 | 6 5 4 3 | 4 4 3 4 | 5 4 3 2 | 3 1 1 1 | 1 1 2 3 4 5 |

| 4 3 5 5 | 5 6 4 3 2 | 1 . ‖ Monsigny

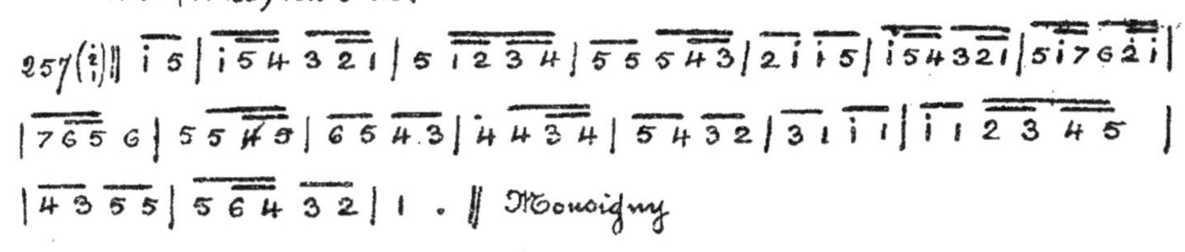

(M 100) Ton de Mieu.

258 (5) ‖ 1 3 2 | 3 4 | 5 1 5 | 6 2 4 7 | 1 7 1 2 3 5 | 1 3 2 | 3 4 | 5 1 7 | 6 7 1 6 7 5 |

| 6 #5 | 6 5 5 4 | 4 3 2 +2 5 | 5 4 4 3 | 3 2 1 7 1 5 | 1 7 6 2 1 | 7 3 2 1 4 3 |

| 2 5 4 3 6 5 | #2 3 #4 | 5 . | 1 3 2 | 3 4 | 5 1 5 | 6 2 4 7 | 1 7 1 2 3 5 |

| 1 3 2 | 3 4 | 5 1 7 | 6 7 1 6 7 5 | 6 7 1 ‖

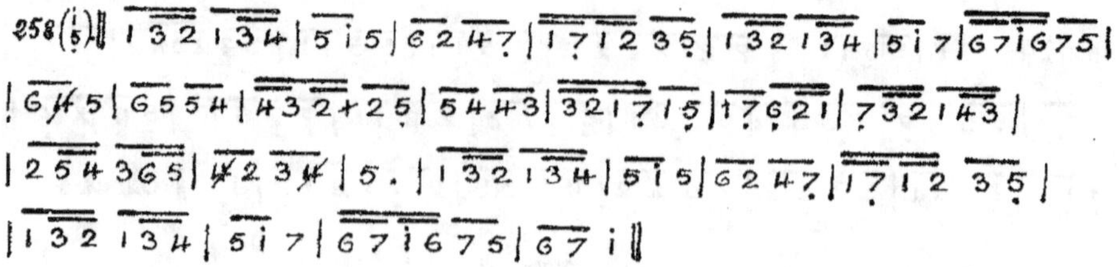

(M 100) Ton de La.

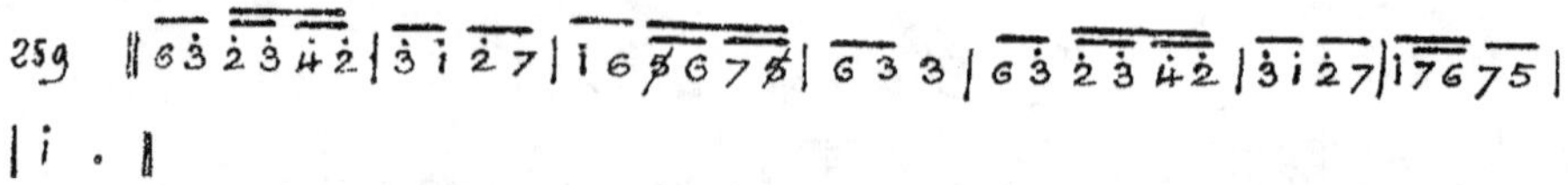

259 ‖ 6 3 2 3 4 2 | 3 1 2 7 | 1 6 5 6 7 5 | 6 3 3 | 6 3 2 3 4 2 | 3 1 2 7 | 1 7 6 7 5 |

| 1 . ‖

Allo. (M 100) Ton de Sol.

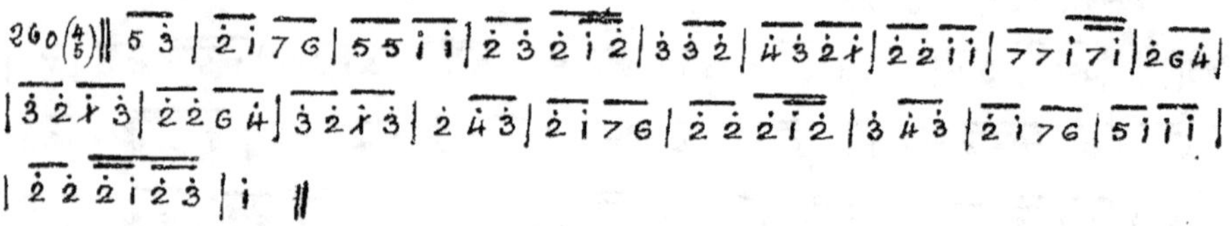

260 (4/5) ‖ 5 3 | 2 1 7 6 | 5 5 1 1 | 2 3 2 1 2 | 3 3 2 | 4 3 2 + | 2 2 1 1 | 7 7 1 7 1 | 2 6 4 |

| 3 2 + 3 | 2 2 6 4 | 3 2 + 3 | 2 4 3 | 2 1 7 6 | 2 2 2 1 2 | 3 4 3 | 2 1 7 6 | 5 1 1 1 |

| 2 2 2 1 2 3 | 1 ‖

Andto. (M. 88) Ton de Fa.

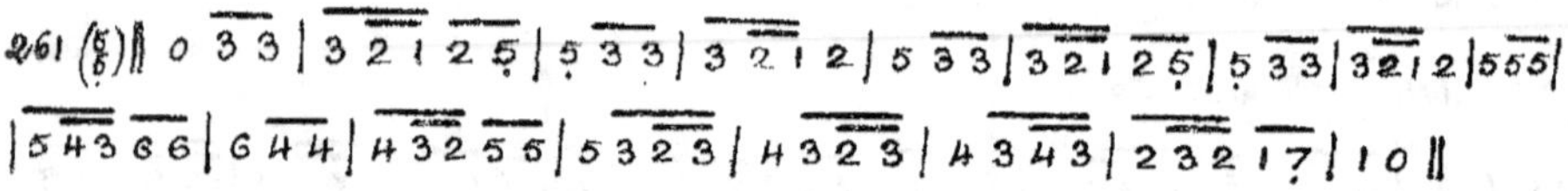

261 (5) ‖ 0 3 3 | 3 2 1 2 5 | 5 3 3 | 3 2 1 2 | 5 3 3 | 3 2 1 2 5 | 5 3 3 | 3 2 1 2 | 5 5 5 |

| 5 4 3 6 6 | 6 4 4 | 4 3 2 5 5 | 5 3 2 3 | 4 3 2 3 | 4 3 4 3 | 2 3 2 1 7 | 1 0 ‖

Allo. (M 100) Ton de Sol.

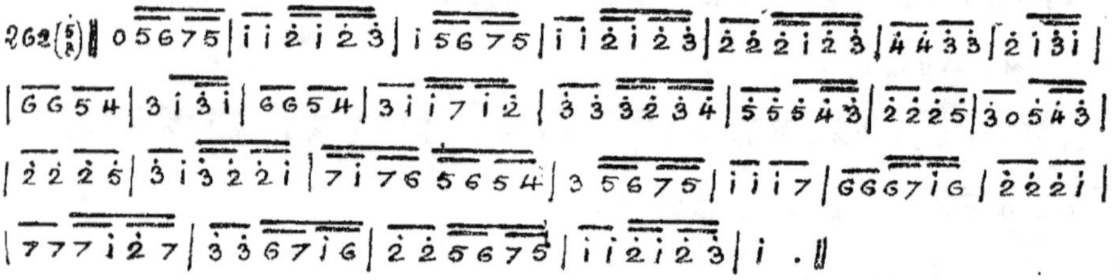

262 (5) ‖ 0 5 6 7 5 | 1 1 2 1 2 3 | 1 5 6 7 5 | 1 1 2 1 2 3 | 2 2 2 1 2 3 | 4 4 3 3 | 2 1 3 1 |

| 6 6 5 4 | 3 1 3 1 | 6 6 5 4 | 3 1 1 7 1 2 | 3 3 3 2 3 4 | 5 5 5 4 3 | 2 2 2 5 | 3 0 5 4 3 |

| 2 2 2 5 | 3 1 3 2 2 1 | 7 1 7 6 5 6 5 4 | 3 5 6 7 5 | 1 1 1 7 | 6 6 6 7 1 6 | 2 2 2 1 |

| 7 7 7 1 2 7 | 3 3 6 7 1 6 | 2 2 5 6 7 5 | 1 1 2 1 2 3 | 1 . ‖

Allo. (M 120) Ton de Sol.

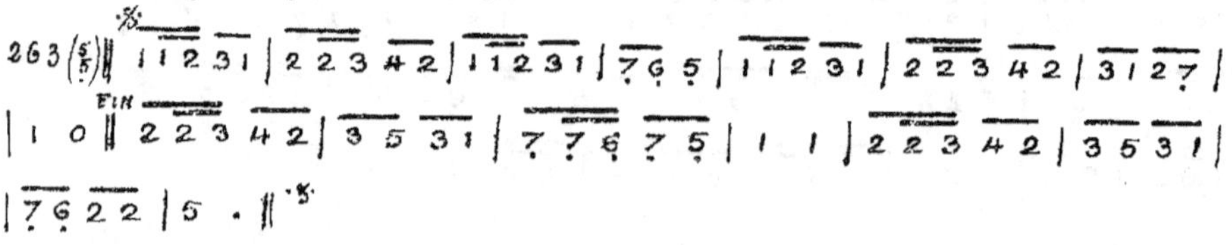

263 (5/5) ‖ 1 1 2 3 1 | 2 2 3 4 2 | 1 1 2 3 1 | 7 6 5 | 1 1 2 3 1 | 2 2 3 4 2 | 3 1 2 7 |

| 1 0 ‖ 2 2 3 4 2 | 3 5 3 1 | 7 7 6 7 5 | 1 1 | 2 2 3 4 2 | 3 5 3 1 |

| 7 6 2 2 | 5 . ‖

Andto. (M 88) Ton de Fa.

264 (4/5) ‖ 1 1 2 | 3 1 2 1 7 | 1 5 1 1 2 | 3 1 2 1 7 | 1 ‖ 2 2 3 | 4 3 2 1 | 7 6 7 1 | 2 1 7 |

| 6 6 2 2 | 5 1 1 2 ‖

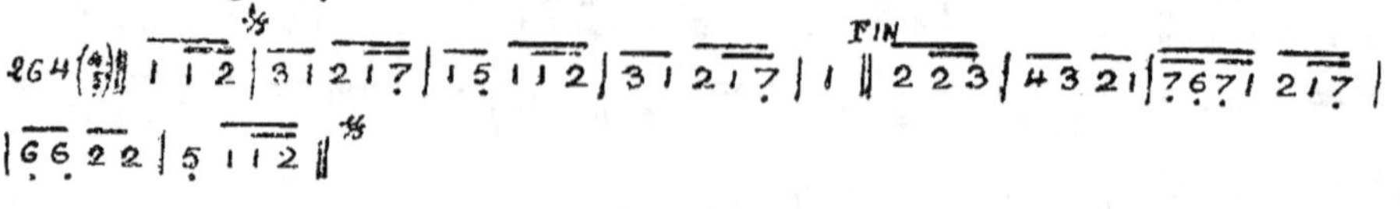

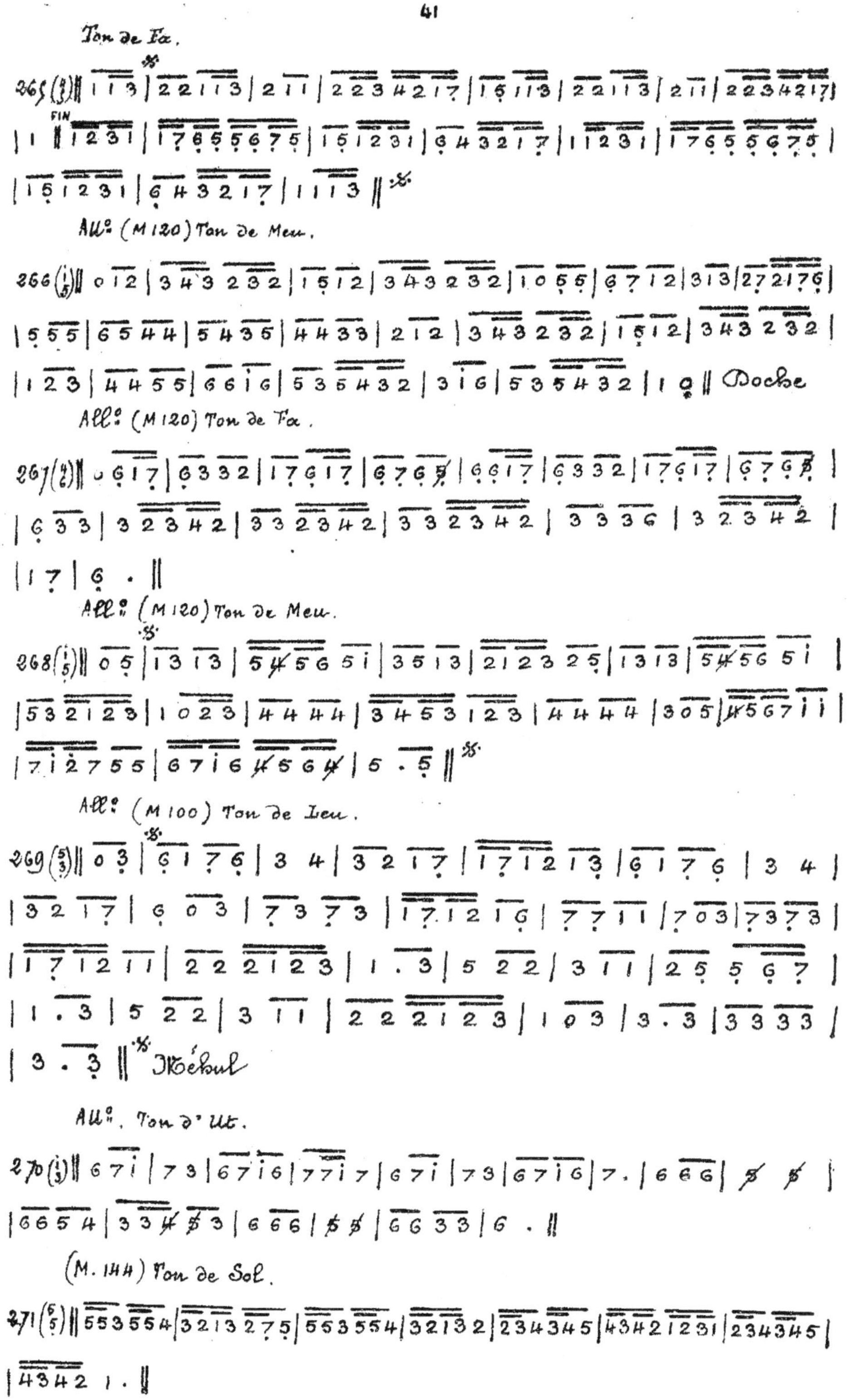

Ton de Fa.

265 (3) ‖ 1 1 3 | 2 2 1 1 3 | 2 1 1 | 2 2 3 4 2 1 7 | 1 5 1 1 3 | 2 2 1 1 3 | 2 1 1 | 2 2 3 4 2 1 7 |

FIN

| 1 1 2 3 1 | 1 7 6 5 5 6 7 5 | 1 5 1 2 3 1 | 6 4 3 2 1 7 | 1 1 2 3 1 | 1 7 6 5 5 6 7 5 |

| 1 5 1 2 3 1 | 6 4 3 2 1 7 | 1 1 1 3 ‖

Allᵒ (M 120) Ton de Meu.

266 (1/5) ‖ 0 1 2 | 3 4 3 2 3 2 | 1 5 1 2 | 3 4 3 2 3 2 | 1 0 5 5 | 6 7 1 2 | 3 1 3 | 2 7 2 1 7 6 |

| 5 5 5 | 6 5 4 4 | 5 4 3 5 | 4 4 3 3 | 2 1 2 | 3 4 3 2 3 2 | 1 5 1 2 | 3 4 3 2 3 2 |

| 1 2 3 | 4 4 5 5 | 6 6 1 6 | 5 3 5 4 3 2 | 3 1 6 | 5 3 5 4 3 2 | 1 0 ‖ Doche

Allᵒ (M 120) Ton de Fa.

267 (2/4) ‖ 0 6 1 7 | 6 3 3 2 | 1 7 6 1 7 | 6 7 6 5 | 6 6 1 7 | 6 3 3 2 | 1 7 6 1 7 | 6 7 6 5 |

| 6 3 3 | 3 2 3 4 2 | 3 3 2 3 4 2 | 3 3 2 3 4 2 | 3 3 3 6 | 3 2 3 4 2 |

| 1 7 | 6 . ‖

Allᵒ (M 120) Ton de Meu.

268 (1/5) ‖ 0 5 | 1 3 1 3 | 5#5 6 5 1 | 3 5 1 3 | 2 1 2 3 2 5 | 1 3 1 3 | 5#5 6 5 1 |

| 5 3 2 1 2 3 | 1 0 2 3 | 4 4 4 4 | 3 4 5 3 1 2 3 | 4 4 4 4 | 3 0 5 | #5 6 7 1 1 |

| 7 1 2 7 5 5 | 6 7 1 6 #5 6 #4 | 5 . 5 ‖

Allᵒ (M 100) Ton de Lieu.

269 (5/3) ‖ 0 3 | 6 1 7 6 | 3 4 | 3 2 1 7 | 1 7 1 2 1 3 | 6 1 7 6 | 3 4 |

| 3 2 1 7 | 6 0 3 | 7 3 7 3 | 1 7 1 2 1 6 | 7 7 1 1 | 7 0 3 | 7 3 7 3 |

| 1 7 1 2 1 1 | 2 2 2 1 2 3 | 1 . 3 | 5 2 2 | 3 1 1 | 2 5 5 6 7 |

| 1 . 3 | 5 2 2 | 3 1 1 | 2 2 2 1 2 3 | 1 0 3 | 3 . 3 | 3 3 3 3 |

| 3 . 3 ‖ Méhul

Allᵘ. Ton d'Ut.

270 (1/3) ‖ 6 7 1 | 7 3 | 6 7 1 6 | 7 7 1 7 | 6 7 1 | 7 3 | 6 7 1 6 | 7 . | 6 6 6 | #5 #5 |

| 6 6 5 4 | 3 3 #5 #5 3 | 6 6 6 | #5 #5 | 6 6 3 3 | 6 . ‖

(M. 144) Ton de Sol.

271 (6/5) ‖ 5 5 3 5 5 4 | 3 2 1 3 2 7 5 | 5 5 3 5 5 4 | 3 2 1 3 2 | 2 3 4 3 4 5 | 4 3 4 2 1 2 3 1 | 2 3 4 3 4 5 |

| 4 3 4 2 1 . ‖

And.ᵗᵉ Ton de Ré.

272 (¾)‖ 5 1 35 | 1 . 1 | 2 21 23 | 1 0 | 4 6 | 5 65 43 | 2 3 |
| 2 0 5 | 5 1 35 | 1 1 | 2 21 23 | 1 0 | 14 4 4 | 5 7 36 |
| 5 4 | 5 0 | 5 67 | 1 . 5 | 4 43 45 | 3 0 | 1 1 . 7 | . 6 . 5 |
| 1 . 4 . 3 | 3 2 20 | 5 1 35 | 1 . 1 | 2 21 23 | 1 0 |
| 54 34 56 71 | 6 54 32 | 1 2 | 3 . 0 | 1 76 5 | 67 12 |
| 1 7 | 1 . ‖ Gaveaux.

All.º (M 100) Ton de Sol.

273 (⅔)‖ 0 1 2 | 3 3 3 3 | 4 54 3 25 | 1 0 1 2 | 3 3 3 3 | 12 1 76 2 | 5 0 23 |
| 4 4 4 4 | 3 43 2 15 | 2 0 5 | 1 1 1 1 | 2 34 3 25 | 3 5 | 4 3 2 3 |
| 4 54 3 25 | 3 5 | 4 3 2 3 | 4 54 3 25 | 1 ‖ Gaveaux.

All.º (M 120) Ton de La.

274 (⅜)‖ 0 3 | 6 1 7 2 | 1 7 1 2 | 3 6 1 7 | 6 . 3 | 6 1 7 2 | 1 7 1 2 | 3 6 1 7 |
| 6 . 1 2 | 3 34 3 2 4 | 2 2 71 | 2 2 3 21 7 | 1 . 7 1 | 2 2 2 17 | 1 76 |
| 7 5 | 6 . ‖

All.º (M 120) Ton de Ré.

275 (¾)‖ 0 34 | 5 34 5 34 | 5 1 5 34 | 5 34 65 43 | 3 2 2 34 | 5 34 5 34 | 5 1 56 |
| 5 35 4 32 | 1 . 56 | 7 77 1 7 | 6 66 1 | 7 56 4 | 5 5 56 | 7 77 1 7 | 6 66 1 |
| 7 56 4 | 5 5 34 ‖

All.º (M 120) Ton de Fa.

276 (C)‖ 0 6 | 6 3 3 7 | 3 3 6 | 7 2 1 7 | 1 7 1 66 | 6 3 3 7 | 3 3 6 |
| 7 2 1 7 | 6 . 6 | 3 . 6 | 3 56 | 4 34 | 3 2 1 7 | 6 ‖ Compra

All.º (M 120) Ton de La

277 (⅜)‖ 6 6 | 6 7 1 | 6 6 | 56 5 43 | 6 6 | 6 7 1 23 | 1 76 33 | 6 0 | 1 1 | 1 7 1 2 33 |
| 1 1 | 56 5 43 | 1 1 | 1 7 1 2 33 | 1 2 3 2 15 | 1 0 3 | 7 7 1 27 | 1 36 | 56 67 5 | 6 0 3 |
| 7 7 1 27 | 1 36 | 56 67 5 | 6 3 2 1 | 7 3 2 1 | 7 3 2 1 | 7 0 | 6 6 | 6 7 1 | 6 6 |
| 56 5 43 | 6 6 | 6 7 1 23 | 1 76 33 | 6 0 ‖ Darondeau

All.° (M120) Ton de Fa.

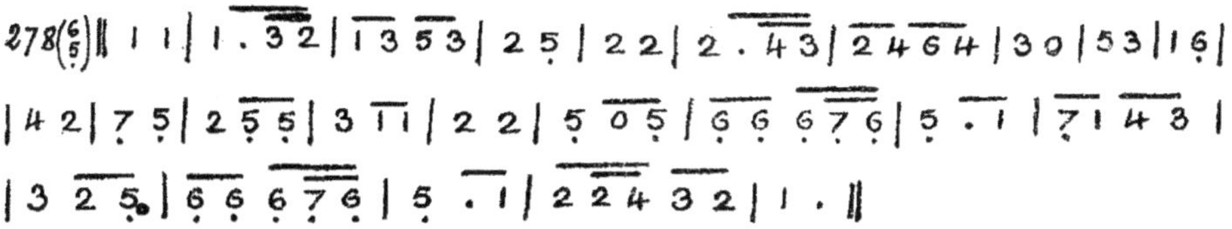

278 (6/8) ‖ 1 1 | 1 . 3 2 | 1 3 5 3 | 2 5 | 2 2 | 2 . 4 3 | 2 4 6 4 | 3 0 | 5 3 | 1 6 |
| 4 2 | 7 5 | 2 5 5 | 3 1 1 | 2 2 | 5 0 5 | 6 6 6 7 6 | 5 . 1 | 7 1 4 3 |
| 3 2 5 | 6 6 6 7 6 | 5 . 1 | 2 2 4 3 2 | 1 . ‖

## 8.e Partie.

Étude des Coupes [ 5 . 5 | . . 5 / ta é fé | a é fé ] et des Coupes précédentes

### Section A. _ Airs à 2 temps.

All.° (Ton d'Ut)

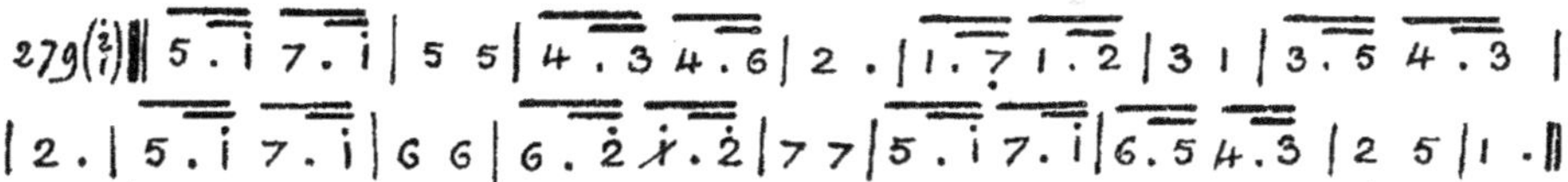

279 (2/4) ‖ 5 . 1 7 . 1 | 5 5 | 4 . 3 4 . 6 | 2 . | 1 . 7 1 . 2 | 3 1 | 3 . 5 4 . 3 |
| 2 . | 5 . 1 7 . 1 | 6 6 | 6 . 2 7 . 2 | 7 7 | 5 . 1 7 . 1 | 6 . 5 4 . 3 | 2 5 | 1 . ‖
( Doche )

And.te. Ton de Sol.

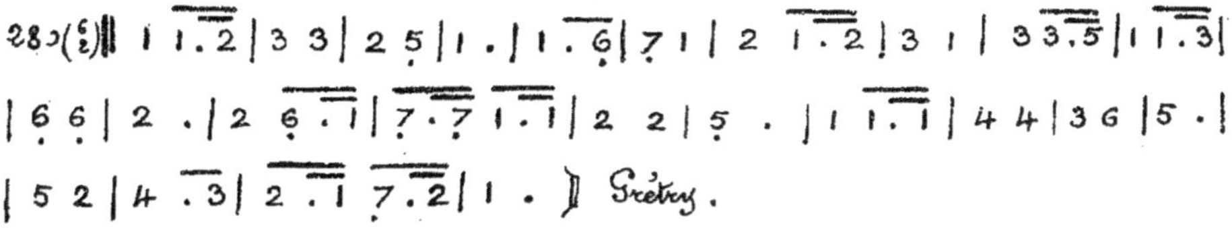

280 (6/8) ‖ 1 1 . 2 | 3 3 | 2 5 | 1 . | 1 . 6 | 7 1 | 2 1 . 2 | 3 1 | 3 3 . 5 | 1 1 . 3 |
| 6 6 | 2 . | 2 6 . 1 | 7 . 7 1 . 1 | 2 2 | 5 . | 1 1 . 1 | 4 4 | 3 6 | 5 . |
| 5 2 | 4 . 3 | 2 . 1 7 . 2 | 1 . ‖ Grétry.

Ton d'Ut

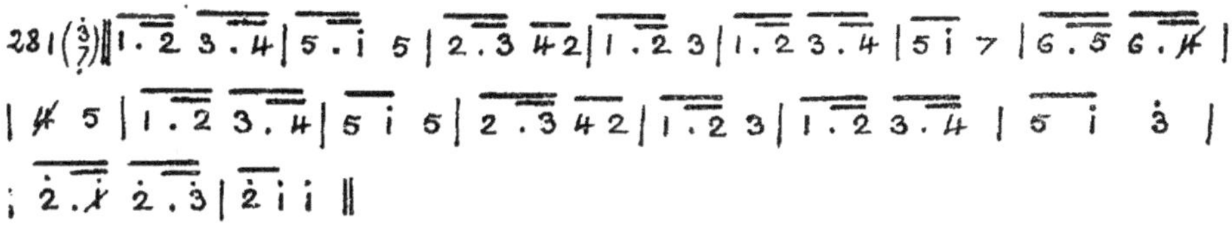

281 (3/7) ‖ 1 . 2 3 . 4 | 5 . 1 5 | 2 . 3 4 2 | 1 . 2 3 | 1 . 2 3 . 4 | 5 1 7 | 6 . 5 6 . # |
| # 5 | 1 . 2 3 . 4 | 5 1 5 | 2 . 3 4 2 | 1 . 2 3 | 1 . 2 3 . 4 | 5 1 3 |
| 2 . 1 2 . 3 | 2 1 1 ‖

All.° Ton de Ré.

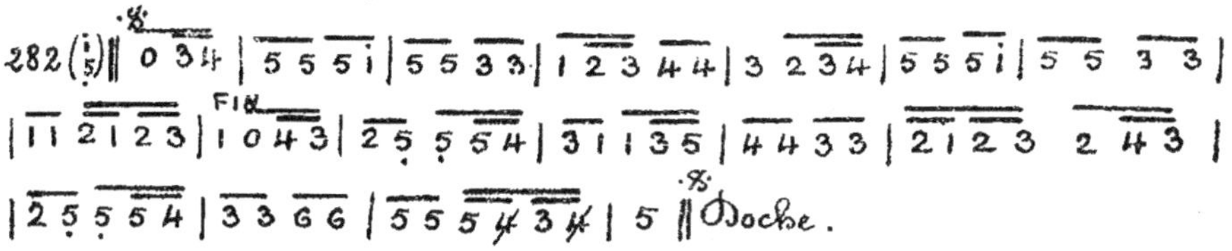

282 (2/5) ‖ 0 3 4 | 5 5 5 1 | 5 5 3 3 | 1 2 3 4 4 | 3 2 3 4 | 5 5 5 1 | 5 5 3 3 |
| 1 1 2 1 2 3 | 1 0 4 3 | 2 5 5 5 4 | 3 1 1 3 5 | 4 4 3 3 | 2 1 2 3 2 4 3 |
| 2 5 5 5 4 | 3 3 6 6 | 5 5 5 4 3 # | 5 ‖ Doche.

And.te. Ton de Fa.

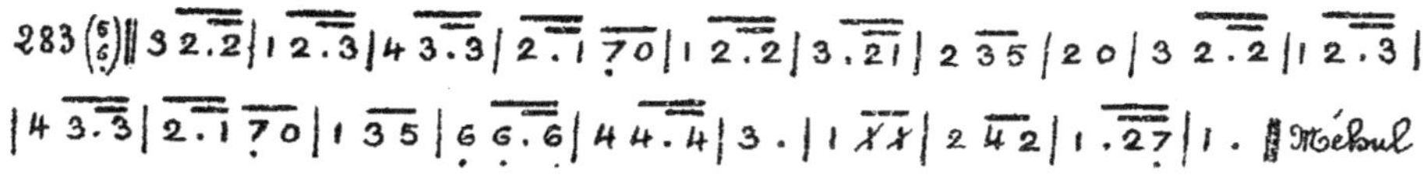

283 (6/8) ‖ 3 2 . 2 | 1 2 . 3 | 4 3 . 3 | 2 . 1 7 0 | 1 2 . 2 | 3 . 2 1 | 2 3 5 | 2 0 | 3 2 . 2 | 1 2 . 3 |
| 4 3 . 3 | 2 . 1 7 0 | 1 3 5 | 6 6 . 6 | 4 4 . 4 | 3 . | # # | 2 4 2 | 1 . 2 7 | 1 . ‖ Méhul

*And^{te}. Ton de Ré*

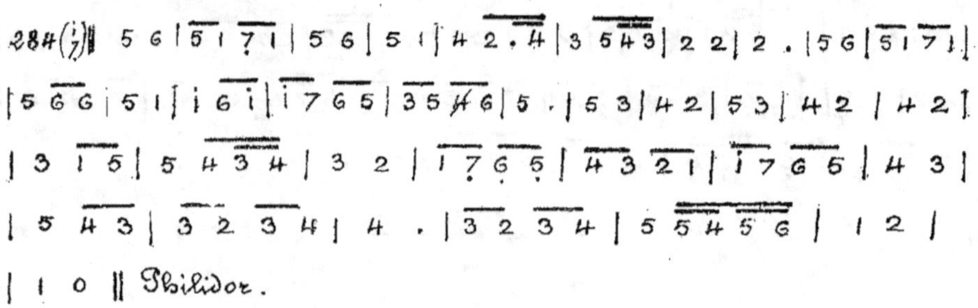

284 (i/7)‖ 5 6 | 5 7 i | 5 6 | 5 i | 4 2 . 4 | 3 5 4 3 | 2 2 | 2 . | 5 6 | 5 7 i |
| 5 6 6 | 5 i | i 6 i | i 7 6 5 | 3 5 ♯6 | 5 . | 5 3 | 4 2 | 5 3 | 4 2 | 4 2 |
| 3 i 5 | 5 4 3 4 | 3 2 | i 7 6 5 | 4 3 2 i | i 7 6 5 | 4 3 |
| 5 4 3 | 3 2 3 4 | 4 . | 3 2 3 4 | 5 5 4 5 6 | i 2 |
| i 0 ‖ *Philidor.*

*All°. Ton de Ré.*

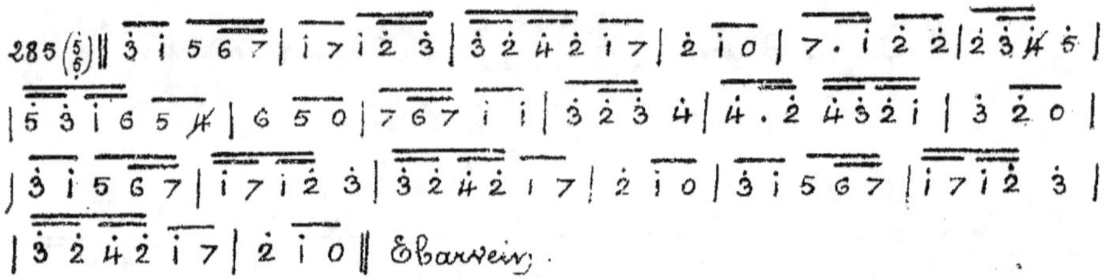

285 (5/7)‖ 3 i 5 6 7 | i 7 i 2 3 | 3 2 4 2 i 7 | 2 i 0 | 7 . i 2 2 | 2 3 ♯4 5 |
| 5 3 i 6 5 ♯4 | 6 5 0 | 7 6 7 i i | 3 2 3 4 | 4 . 2 4 3 2 i | 3 2 0 |
| 3 i 5 6 7 | i 7 i 2 3 | 3 2 4 2 i 7 | 2 i 0 | 3 i 5 6 7 | i 7 i 2 3 |
| 3 2 4 2 i 7 | 2 i 0 ‖ *Edelmann.*

*All°. Ton de Sol.*

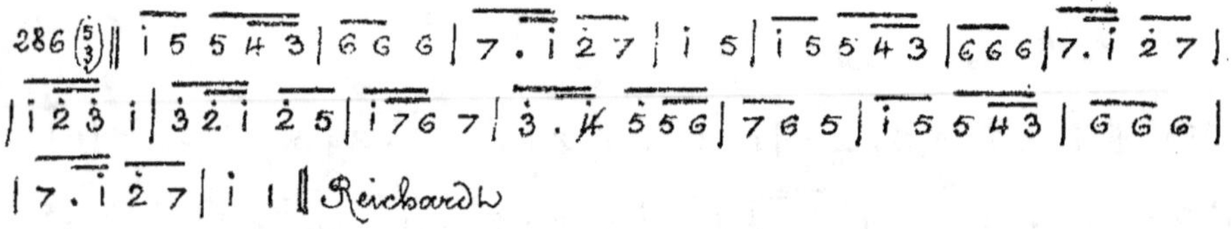

286 (5/3)‖ i 5 5 4 3 | 6 6 6 | 7 . i 2 7 | i 5 | i 5 5 4 3 | 6 6 6 | 7 . i 2 7 |
| i 2 3 i | 3 2 i 2 5 | i 7 6 7 | 3 . ♯4 5 5 6 | 7 6 5 | i 5 5 4 3 | 6 6 6 |
| 7 . i 2 7 | i i ‖ *Reichardt.*

*Ton d' Ut*

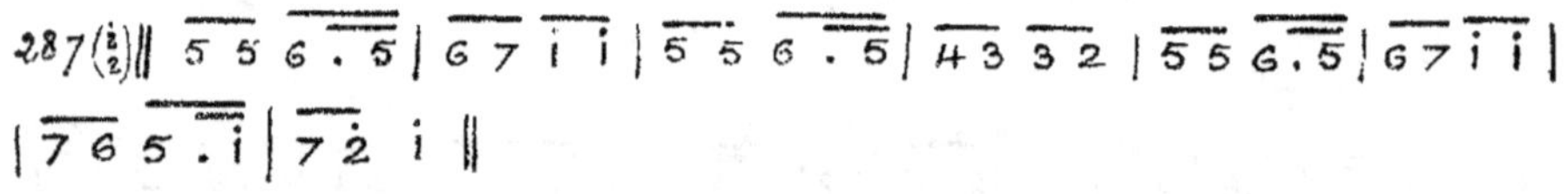

287 (i/2)‖ 5 5 6 . 5 | 6 7 i i | 5 5 6 . 5 | 4 3 3 2 | 5 5 6 . 5 | 6 7 i i |
| 7 6 5 . i | 7 2 i ‖

*All°. Ton de Fa.*

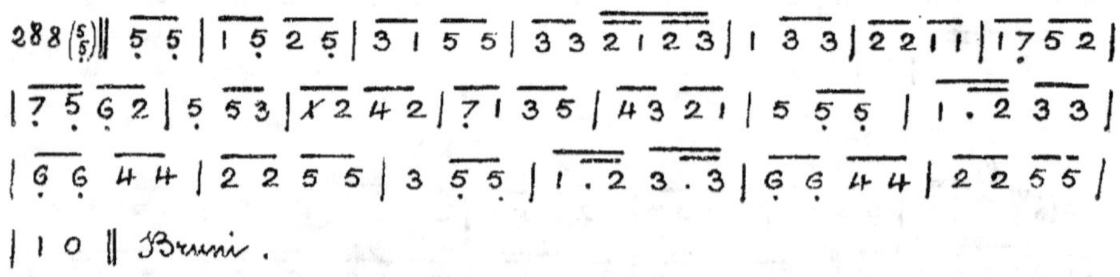

288 (5/5)‖ 5 5 | i 5 2 5 | 3 i 5 5 | 3 3 2 i 2 3 | i 3 3 | 2 2 i i | i 7 5 2 |
| 7 5 6 2 | 5 5 3 | X 2 4 2 | 7 i 3 5 | 4 3 2 i | 5 5 5 | i . 2 3 3 |
| 6 6 4 4 | 2 2 5 5 | 3 5 5 | i . 2 3 . 3 | 6 6 4 4 | 2 2 5 5 |
| i 0 ‖ *Bruni.*

*And^{te} (Ton d' Ut.*

289 (2/4)‖ 0 i | 3 3 3 5 | 4 2 2 3 2 | i i i 3 | 3 2 6 | ♯4 5 6 ♯4 | 5 6 7 7 2 |
| 2 i 7 6 5 ♯4 | 6 5 2 | 4 4 3 3 | 2 3 4 2 i i | 6 6 5 i | 7 i 2 7 i 5 | 3 . 2 i i |
| i . 7 6 6 | 5 i 6 4 3 2 | i 0 ‖ *Martini*

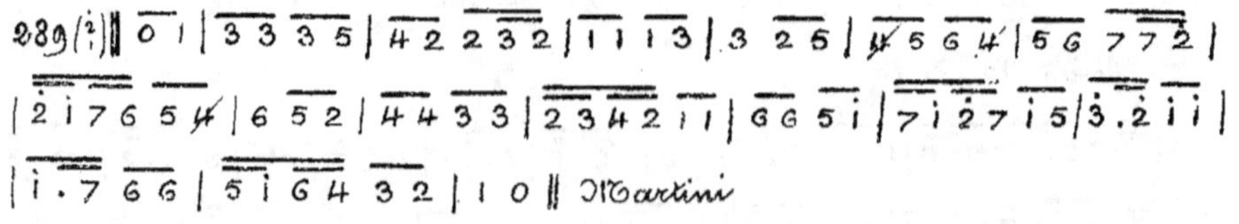

Au⁹ Ton De La.

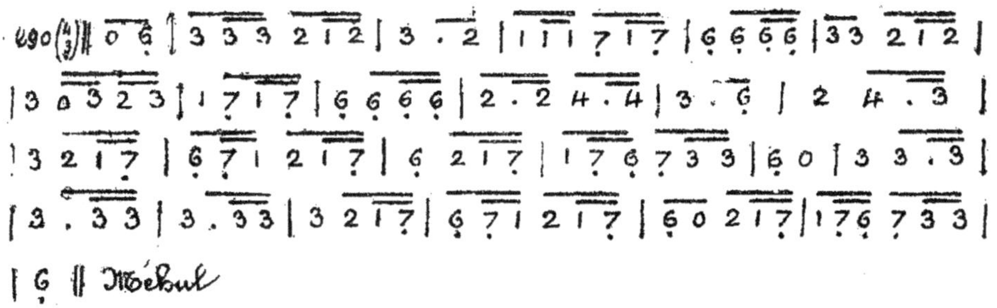

290 (4/3) ‖ 0 6 | 3 3 3 2 1 2 | 3 . 2 | 1 1 1 7 1 7 | 6 6 6 6 | 3 3 2 1 2 |
| 3 0 3 2 3 | 1 7 1 7 | 6 6 6 6 | 2 . 2 4 . 4 | 3 . 6 | 2 4 . 3 |
| 3 2 1 7 | 6 7 1 2 1 7 | 6 2 1 7 | 1 7 6 7 3 3 | 6 0 | 3 3 . 3 |
| 3 . 3 3 | 3 . 3 3 | 3 2 1 7 | 6 7 1 2 1 7 | 6 0 2 1 7 | 1 7 6 7 3 3 |
| 6 ‖ Méhul

Au⁹ Ton De Ré

291 (1/5) ‖ 3 . 4 5 5 3 | 6 6 4 5 | 3 . 5 4 3 2 1 | 2 5 0 | 3 . 4 5 5 3 |
| 6 6 4 5 | 3 . 5 4 3 2 1 | 2 5 0 | 2 2 7 3 3 1 | 4 4 3 2 | 3 . 4 5 5 4 |
| 3 2 0 | 3 . 4 5 5 3 | 6 6 4 5 | 1 5 4 3 2 1 | 2 1 0 ‖
Schultz.

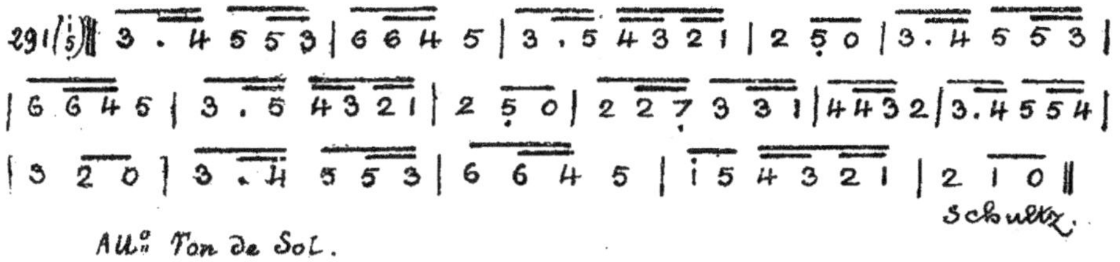

Au⁹ Ton De Sol.

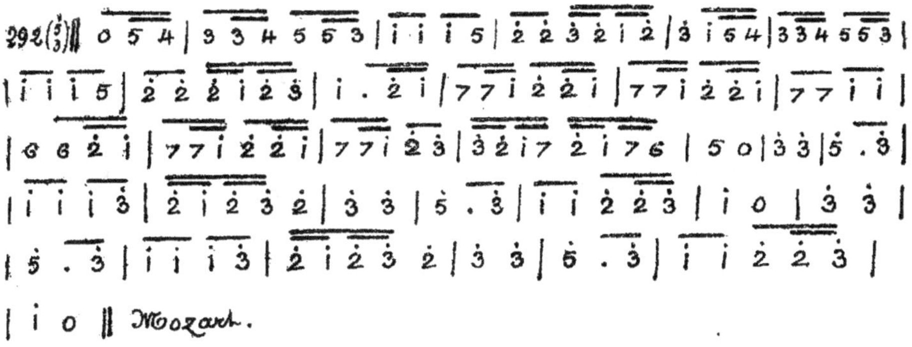

292 (5/3) ‖ 0 5 4 | 3 3 4 5 5 3 | 1 1 1 5 | 2 2 3 2 1 2 | 3 1 5 4 | 3 3 4 5 5 3 |
| 1 1 1 5 | 2 2 2 1 2 3 | 1 . 2 1 | 7 7 1 2 2 1 | 7 7 1 2 2 1 | 7 7 1 1 |
| 6 6 2 1 | 7 7 1 2 2 1 | 7 7 1 2 3 | 3 2 1 7 2 1 7 6 | 5 0 | 3 3 5 . 3 |
| 1 1 1 3 | 2 1 2 3 2 | 3 3 | 5 . 3 | 1 1 2 2 3 | 1 0 | 3 3 |
| 5 . 3 | 1 1 1 3 | 2 1 2 3 2 | 3 3 | 5 . 3 | 1 1 2 2 3 |
| 1 0 ‖ Mozart.

Au⁹ Ton De Mi.

293 (5/1) ‖ 1 2 | 3 2 1 | 5 5 6 | 5 4 3 2 | 3 2 1 2 | 3 2 1 | 5 . 6 5 4 |
| 3 2 | 1 5 | 4 3 4 5 | 3 3 5 | 4 3 4 5 | 4 3 4 5 | 2 2 2 2 |
| 1 2 2 | 3 3 2 2 | 3 2 1 2 | 3 2 1 | 5 5 6 | 5 4 3 2 |
| 3 2 1 2 | 3 2 1 | 5 . 6 5 4 | 3 2 | 1 0 ‖

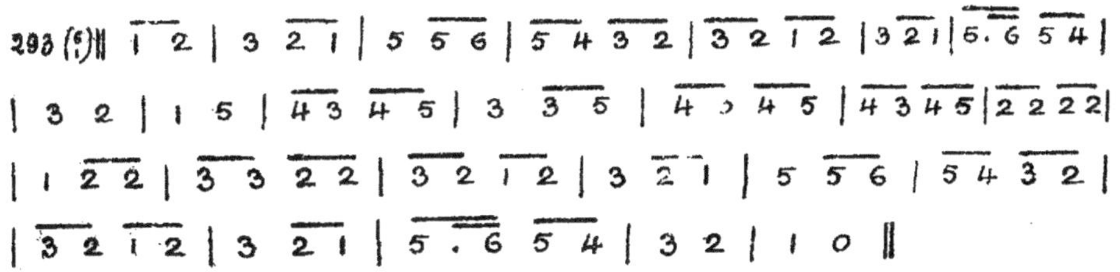

## Section B

Andante. Ton de Fa.

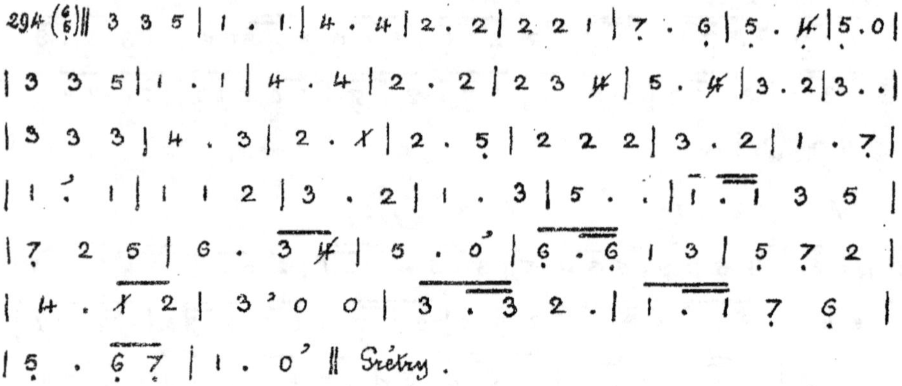

294 (6/8) ‖ 3 3 5 | 1 . . 1 | 4 . . 4 | 2 . . 2 | 2 2 1 | 7 . . 6 | 5 . . #4 | 5 . 0 |

| 3 3 5 | 1 . . 1 | 4 . . 4 | 2 . . 2 | 2 3 #4 | 5 . #4 | 3 . 2 | 3 . . |

| 3 3 3 | 4 . 3 | 2 . X | 2 . 5 | 2 2 2 | 3 . 2 | 1 . 7 |

| 1 . 1 | 1 1 2 | 3 . 2 | 1 . 3 | 5 . . | 1 . 1 3 5 |

| 7 2 5 | 6 . 3 #4 | 5 . 0 | 6 . 6 | 3 | 5 7 2 |

| 4 . X 2 | 3 0 0 | 3 . 3 2 . | 1 . 1 7 6 |

| 5 . 6 7 | 1 . 0 ‖ Grétry.

Gracioso. Ton d'ut.

295 (3/4) ‖ 3 . 5 | 3 . 5 | 4 4 3 4 6 | 5 . 3 | 1 . 5 | 3 . 1 |

| 2 4 3 | 2 . . | 3 . 5 | 3 . 5 | 4 4 3 4 6 |

| 5 3 5 | 1 1 2 1 | 7 7 7 | 6 6 6 | 5 . 0 | 6 6 6 |

| 2 . 1 7 6 | 5 . 6 7 | 1 . 5 | 3 5 1 | 3 1 5 |

| #4 5 6 5 4 3 | 2 . . | 3 . 5 | 4 . 3 2 | 4 4 3 4 6 |

| 5 . 3 | 1 . 5 | 3 . 1 | 2 2 1 2 3 | 1 . 0 | 1 . 5 |

| 3 . 1 | 2 . X 2 . X 2 . X | 2 1 5 | 1 . 5 | 3 . 1 |

| 5 5 1 7 | 1 . . | . . 0 ‖ Romagnési.

---

## Section C

All° Ton de Fa.

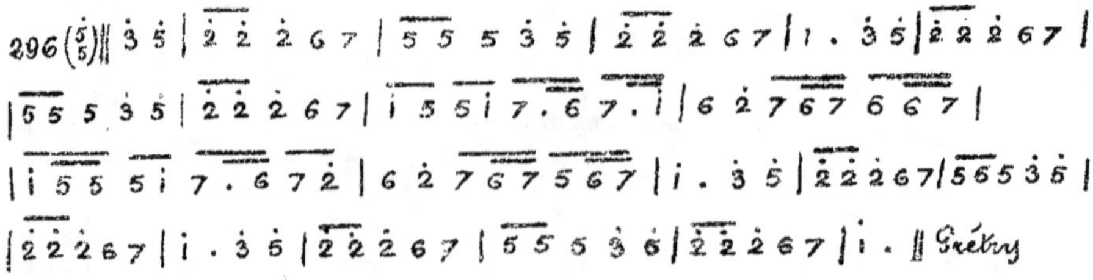

296 (6/8) ‖ 3 5 | 2 2 2 6 7 | 5 5 5 3 5 | 2 2 2 6 7 | 1 . 3 5 | 2 2 2 6 7 |

| 5 5 5 3 5 | 2 2 2 6 7 | 1 5 5 1 7 . 6 7 . 1 | 6 2 7 6 7 6 6 7 |

| 1 5 5 5 1 7 . 6 7 2 | 6 2 7 6 7 5 6 7 | 1 . 3 5 | 2 2 2 6 7 | 5 5 5 3 5 |

| 2 2 2 6 7 | 1 . 3 5 | 2 2 2 6 7 | 5 5 5 3 6 | 2 2 2 6 7 | 1 . ‖ Grétry

Andante. Ton de Fa.

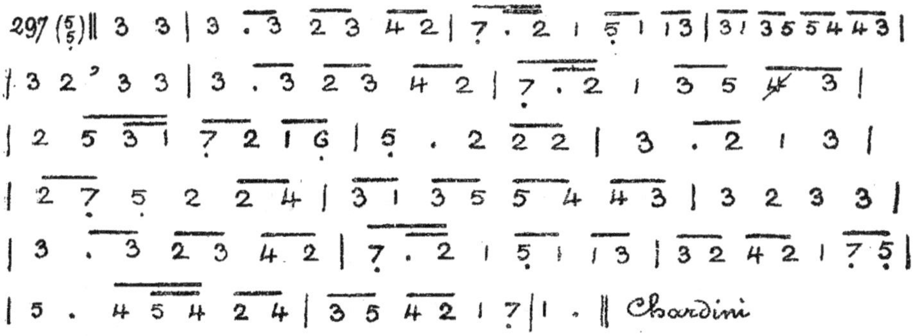

297 (5/5)‖ 3 3 | 3 . 3 2 3 4 2 | 7 . 2 1 5 1 1 3 | 3 1 3 5 5 4 4 3 |
| 3 2 3 3 | 3 . 3 2 3 4 2 | 7 . 2 1 3 5 ♯4 3 |
| 2 5 3 1 7 2 1 6 | 5 . 2 2 2 | 3 . 2 1 3 |
| 2 7 5 2 2 4 | 3 1 3 5 5 4 4 3 | 3 2 3 3 |
| 3 . 3 2 3 4 2 | 7 . 2 1 5 1 1 3 | 3 2 4 2 1 7 5 |
| 5 . 4 5 4 2 4 | 3 5 4 2 1 7 | 1 . ‖ Cherubini

Andante. Ton de Fa.

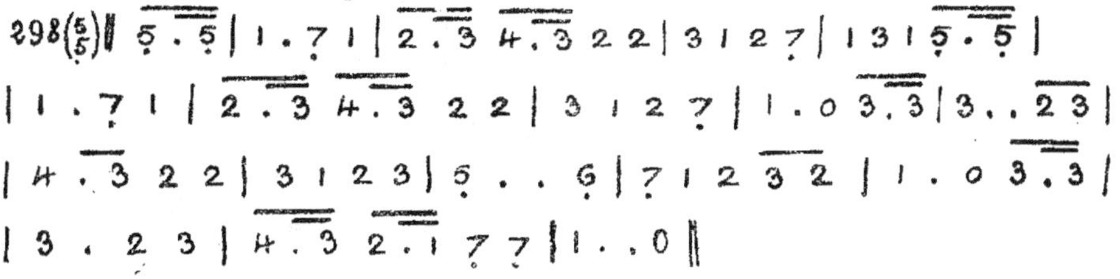

298 (5/5)‖ 5 . 5 | 1 . 7 1 | 2 . 3 4 . 3 2 2 | 3 1 2 7 | 1 3 1 5 . 5 |
| 1 . 7 1 | 2 . 3 4 . 3 2 2 | 3 1 2 7 | 1 . 0 3 . 3 | 3 . . 2 3 |
| 4 . 3 2 2 | 3 1 2 3 | 5 . . 6 | 7 1 2 3 2 | 1 . 0 3 . 3 |
| 3 . 2 3 | 4 . 3 2 . 1 7 7 | 1 . . 0 ‖

All⁰ Ton de Sol.

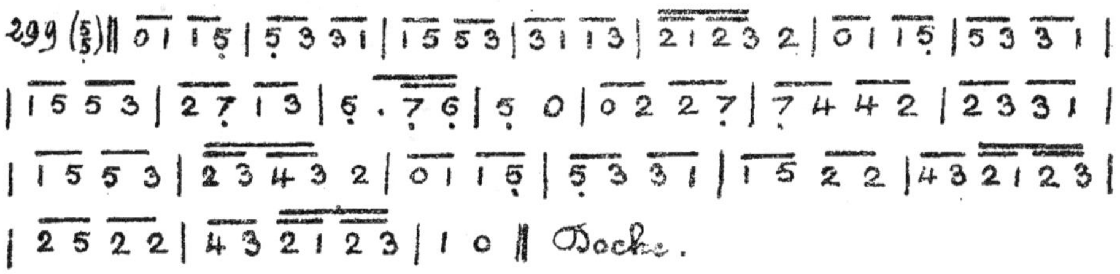

299 (5/5)‖ 0 1 1 5 | 5 3 3 1 | 1 5 5 3 | 3 1 1 3 | 2 1 2 3 2 | 0 1 1 5 | 5 3 3 1 |
| 1 5 5 3 | 2 7 1 3 | 5 . 7 6 | 5 0 | 0 2 2 7 | 7 4 4 2 | 2 3 3 1 |
| 1 5 5 3 | 2 3 4 3 2 | 0 1 1 5 | 5 3 3 1 | 1 5 2 2 | 4 3 2 1 2 3 |
| 2 5 2 2 | 4 3 2 1 2 3 | 1 0 ‖ Dacke.

Andante. Ton de Si.

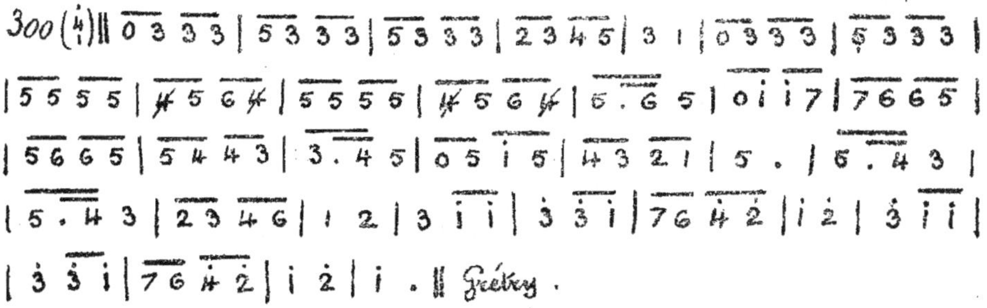

300 (4/4)‖ 0 3 3 3 | 5 3 3 3 | 5 3 3 3 | 2 3 4 5 | 3 1 | 0 3 3 3 | 5 3 3 3 |
| 5 5 5 5 | ♯4 5 6 ♯4 | 5 5 5 5 | ♯4 5 6 ♯4 | 5 . 6 5 | 0 1 1 7 | 7 6 6 5 |
| 5 6 6 5 | 5 4 4 3 | 3 . 4 5 | 0 5 1 5 | 4 3 2 1 | 5 . | 6 . 4 3 |
| 5 . 4 3 | 2 3 4 6 | 1 2 | 3 1 1 | 3 3 1 | 7 6 ♯4 2 | 1 2 | 3 1 1 |
| 3 3 1 | 7 6 ♯4 2 | 1 2 | 1 . ‖ Grétry.

Imp. Lith. de l'Orphelinat Prévost, à Cempuis (Oise). — 600 . 12 . 90. — A.-P. Quénin autog.ᵖʰᵉ

# Publications de l'Association Galiniste.

## L'INSTITUTEUR ET L'ÉLÈVE MUSICIENS

| | | | | | |
|---|---|---|---|---|---|
| Cours préparatoire... | broché | 0 50 | cartonné | ........... | 0 75 |
| Cours élémentaire.... | — | 1 00 | — | ........... | 1 25 |
| Cours moyen. . . . . | — | 1 50 | — | ........... | 2 00 |

## L'ÉLÈVE MUSICIEN SEUL

| | | | | | |
|---|---|---|---|---|---|
| Cours préparatoire . . | feuilles | 0 10 | cartonné | ........... | 0 20 |
| Cours élémentaire . . | broché | 0 30 | — | ........... | 0 40 |
| Cours moyen . . . . | — | 0 75 | — | ........... | 1 00 |
| Cours supér. 1ᵉ partie. | — | 1 20 | — | ........... | 1 60 |
| Cours supér. 2ᵉ partie. | — | 1 20 | — | ........... | 1 60 |
| Cours complémentaire | — | 2 50 | — | ........... | 3 00 |

## LECTURE MUSICALE

| | | | | |
|---|---|---|---|---|
| 300 airs 48 pages . . | broché 1 00 | cartonné ........... | | 1 25 |
| Canons et duos 32 p. | — 0 60 | 60 trios 32 pages. . . . . . | | 0 75 |
| 100 duos 48 pages . . | — 0 60 | 40 quatuors . . . . . . . . | | 0 75 |

## CHANTS SCOLAIRES

Simple exposé des principes de la Méthode Galin-Paris-Chevé
avec 10 chants scolaires en double notation : chiffre et portée   0 20
Nouvelles chansons pour nos enfants (Maurice Bouchor) en
double notation : chiffre et portée . . . . . . . . . . . . . . .   1 00
Les petits chants de l'élève musicien (duos) . . . . . . . . . . .   0 30
—   —   —   (trios). . . . . . . . . . . .   0 50
Chants faciles : 56 duos avec paroles choisies, broché 0,50, carton.   0 80

## OUVRAGE D'INITIATION ET DE THÉORIE

| | | | |
|---|---|---|---|
| La méthode modale chiffrée . | 2 00 | Instruction pour le métro-nome de Galin. . . . . . | 0 10 |
| L'enseignement musical documents divers. . . . . . . | 0 20 | Œdipe musical d'Aimé Paris, en feuille. . . . . | 0 15 |
| Idées, signes et moyens . . . | 0 40 | Tableau des accords pour | |
| La Phonomimie musicale P. Guilhot . . . . . . . . . | 0 30 | les fanfares, harmonies, avec feuillet explicatif | |
| Les tableaux muraux. . . . . | 0 10 | par P. Guilhot. . . . . . | 0 50 |
| Indication des nuances, feuil. | 0 10 | Tablature du violon avec | |
| Tableau modal en feuille. . . | 0 25 | feuillet explicatif par | |
| Tableau des accords avec instruction, en feuille . . . | 0 20 | Paul Robin. . . . . . . . | 0 50 |
| Méloplaste de Galin, en feuille | 0 25 | | |

## PORTRAITS ET BIOGRAPHIE DES MAITRES

J.-J Rousseau ; P. Galin ; A. Paris ; E. Chevé ; Mᵐᵉ E. Chevé chac.   0,10

Métronome de Galin, 0 fr. 25 ; Diapason à bouche 0 fr. 75.

## GUIDE-CHANT GALINISTE (harmonium scolaire)

Grand modèle (avec clavier transpositeur). Prix : 85 fr. Poids
10 kil. 450 ; longueur 0ᵐ66 ; largeur 0ᵐ29 ; hauteur 0ᵐ29.
Petit modèle. Prix : 65 fr. Poids 6 kil. 300 ; longueur 0ᵐ44 ; largeur
0ᵐ29 ; hauteur 0ᵐ24. Sans remise ni escompte. Frais d'emballage et
de port en sus.

# Publications de l'Association Galiniste.

## L'INSTITUTEUR ET L'ÉLÈVE MUSICIENS

| | | | | |
|---|---|---|---|---|
| Cours préparatoire... | broché | 0 50 | cartonné. . . . . . . . . | 0 75 |
| Cours élémentaire.... | — | 1 00 | — . . . . . . . . . | 1 25 |
| Cours moyen. . . . . | — | 1 50 | — . . . . . . . . . | 2 00 |

## L'ÉLÈVE MUSICIEN SEUL

| | | | | |
|---|---|---|---|---|
| Cours préparatoire . . | feuilles | 0 10 | cartonné . . . . . . . . | 0 20 |
| Cours élémentaire . . | broché | 0 30 | — . . . . . . . . | 0 40 |
| Cours moyen . . . . . | — | 0 75 | — . . . . . . . . | 1 00 |
| Cours supér. 1e partie. | — | 1 20 | — . . . . . . . . | 1 60 |
| Cours supér. 2e partie . | — | 1 20 | — . . . . . . . . | 1 60 |
| Cours complémentaire | — | 2 50 | — . . . . . . . . | 3 00 |

## LECTURE MUSICALE

| | | | | |
|---|---|---|---|---|
| 300 airs 48 pages . . | broché 1 00 | cartonné . . . . . . . . | 1 25 |
| Canons et duos 32 p. | — 0 60 | 60 trios 32 pages. . . . . . . | 0 75 |
| 100 duos 48 pages . . | — 0 60 | 40 quatuors . . . . . . . | 0 75 |

## CHANTS SCOLAIRES

Simple exposé des principes de la Méthode Galin-Paris-Chevé
   avec 10 chants scolaires en double notation : chiffre et portée 0 20
Nouvelles chansons pour nos enfants (Maurice Bouchor) en
   double notation : chiffre et portée . . . . . . . . 1 00
Les petits chants de l'élève musicien (duos) . . . . . . . . 0 30
—    —     — (trios) . . . . . . . . 0 50
Chants faciles : 56 duos avec paroles choisies, broché 0,50, carton. 0 80

## OUVRAGE D'INITIATION ET DE THÉORIE

| | | | |
|---|---|---|---|
| La méthode modale chiffrée . | 2 00 | Instruction pour le métronome de Galin. . . . . | 0 10 |
| L'enseignement musical documents divers. . . . . . . | 0 20 | Œdipe musical d'Aimé Paris, en feuille . . . . . | 0 15 |
| Idées, signes et moyens . . . | 0 40 | Tableau des accords pour les fanfares, harmonies, avec feuillet explicatif par P. Guilhot. . . . . | 0 50 |
| La Phonomimie musicale P. Guilhot . . . . . . . . . | 0 30 | | |
| Les tableaux muraux. . . . . | 0 10 | | |
| Indication des nuances, feuil. | 0 10 | Tablature du violon avec feuillet explicatif par Paul Robin. . . . . . . . | 0 50 |
| Tableau modal en feuille. . . | 0 25 | | |
| Tableau des accords avec instruction, en feuille . . . | 0 20 | | |
| Méloplaste de Galin. en feuille | 0 25 | | |

## PORTRAITS ET BIOGRAPHIE DES MAITRES

J.-J Rousseau ; P. Galin ; A. Paris ; E. Chevé ; Mme E. Chevé chac. 0,10

Métronome de Galin, 0 fr. 25 ; Diapason à bouche 0 fr. 75.

## GUIDE-CHANT GALINISTE (harmonium scolaire)

Grand modèle (avec clavier transpositeur). Prix : 85 fr. Poids
10 kil. 450 ; longueur 0m66 ; largeur 0m29 ; hauteur 0m29.
Petit modèle. Prix : 65 fr. Poids 6 kil. 300 ; longueur 0m44 ; largeur
0m29 ; hauteur 0m24. Sans remise ni escompte. Frais d'emballage et
de port en sus.